여성,
타자의
은유

사이 시리즈 01 | 주체와 타자 사이
여성, 타자의 은유

초판 1쇄 인쇄 _ 2012년 3월 20일
초판 2쇄 인쇄 _ 2019년 7월 29일

지은이 · 김애령

펴낸이 · 유재건
펴낸곳 · (주)그린비출판사 | 등록번호 · 105-87-33826호
주소 · 서울시 마포구 와우산로 180, 4층 | 전화 · 702-2717 | 팩스 · 703-0272

ISBN 978-89-7682-375-5 03160

이 도서의 국립중앙도서관 출판시도서목록(CIP)은 e-CIP 홈페이지(http://www.nl.go.kr/ecip)에서 이용하실 수 있습니다.(CIP제어번호: CIP2012001369)

저작권법에 의하여 한국 내에서 보호를 받는 저작물이므로 무단전재와 무단복제를 금합니다.
책값은 뒤표지에 있습니다. 잘못 만들어진 책은 구입처에서 바꿔 드립니다.

그린비출판사 나를 바꾸는 책, 세상을 바꾸는 책
홈페이지 · greenbee.co.kr | 전자우편 · editor@greenbee.co.kr

이 저서는 2007년도 정부재원(교육과학기술부 학술연구조성사업비)으로 한국연구재단의 지원을 받아 연구되었음(NRF-2007-361-AL0015).

사이 시리즈
01

주체와 타자 사이

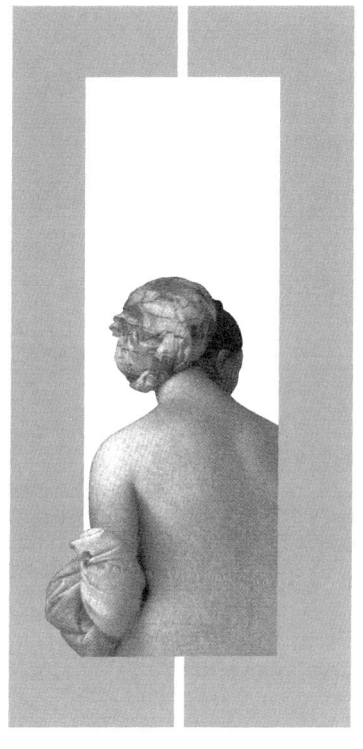

여성, 타자의 은유

김애령 지음

그린비

머리말

"모든 사람은 섬이다."
"어느 누구도 섬이 아니다."

『살아 있는 은유』La métaphore vive에서 프랑스의 현대철학자 폴 리쾨르는 동일한 문장을 은유적으로 읽을 때와 문자 그대로의 의미로 읽을 때 발생하는 진위의 문제를 다루는 부분에서 위의 두 문장을 가져온다. 문자 그대로의 의미 차원에서 거짓으로 판명되는 문장일지라도 은유적으로 읽을 때 그 문장은 그 어떤 참인 문장보다도 더 확장된 관점을 제공하는 참된 문장일 수 있다. 반대로 문자 그대로의 의미로도 참인 문장, "사람은 섬이 아니다"도 은유로 읽힐 수 있다. 한 문장을 은유로 만드는 것은 통사론이 아니다.

    모든 사람은 섬이다. 어느 누구도 자기 자신을 타자에게 전적으로 명징하게 전달할 수 없으며, 자신의 고유한 것을 타자와 완전히 공유할 수 없다. 섬처럼 고립된 자기 존재를 확장하고 타자와 소통하고자 열망하지만, 그 열망은 완전히 해소될 수 없다. 그러나 또한 어느 누구도 그 자체로 전적으로 고립된 섬은 아니다. 인간은 어떤 형태로든 타인과 연결되어 있고, 그 관계 안에서만 의미 있는 존재로 살아갈 수 있다.*

주체는 누구인가? 주체에게 타자/타인은 무엇인가? 주체는 고립된 섬인가? 고립될 수 없는 존재로서 타자와의 관계 안에서만 주체가 될 수 있는가?

타자의 문제를 다루는 이 책의 작업은 데리다Jacques Derrida의 『에쁘롱』Epron을 읽으면서 갖게 된 개인적인 질문과 연결되어 있었다. 『에쁘롱』은 니체의 여성 은유들을 꼼꼼히 해석한다. 데리다는 여기서 '니체의 여성(들)'은 '의미의 결정 불가능성'을 보여 주는 수사적 전략이라고 해석한다. 서구 주체 중심의 동일성 철학을 비판하면서 주체에 의해 전유되고 재현되고 대리되어 온 타자(들), 그 타자(들)의 다름, 고정 불가능성, 변화, 다면성, 개념화를 거부하는 풍부한 사이들로부터 자신의 철학을 시도해 온 니체와 데리다 같은 타자/차이의 철학자가, 왜 그 타자를 '여성'으로 은유화했을까? 철학을 공부하는 여성으로서, 그리고 그들의 사유에 공감하는 독자, 그것도 그들이 생각했던 것과 같은 방식으로 생각해 본 적이 있다고 자부하는 독자로서, 나는 혼란에 빠지게 되었다. '여성'이 결정 불가능한 타자의 은유라면, 그 글을 읽는 여성 독자는 그 독서 과정에서 주체와 타자의 문제를 다시 생각하게 된다. 왜냐하면 여성 독자는 저자(주체)의 위치와 동일시하다가, 다시금 묘사된 '타자'의 은유의 자리에 빠져들

---

* 이 은유는 존 던의 시구에서 유래한다. "누구든 그 자체로서 전적으로 섬은 아니다. 모든 인간은 대륙의 한 조각이며, 대양의 일부이다"(Donne, *Meditation XVII*).

게 되기 때문이다. 그러나 그것은 단지 내가 타자의 자리, 즉 하나의 결정 불가능성의 은유의 자리에 불려 나오는 데서 기인하는 혼란일 뿐 아니라, 내가 있는 자리에서부터 생각하고 물음을 던지기 위해 어떻게든 주체가 되어야 하는 데서 오는 혼란이기도 하다.

레비나스, 니체, 데리다와 같은 타자/차이의 철학자들에게 여성이 타자의 은유가 되는 이유는 무엇인가? 성별과 성차에 대한 맹목이 남성 차이 철학자들의 한계를 함축하고 있는 것은 아닐까? 이 물음을 차이/타자 철학의 문제의식을 더 심화하는 출발점으로 삼을 수는 없을까?

* * *

이 책은 모든 경계 지어진 것들의 '사이'를 읽고 밝히는 기획 시리즈의 일환으로 준비되었다. 주어진 과제로 여기서 읽어 내야 할 '사이'는 '주체와 타자 사이'이다. '사이'라는 개념은 두 영역들의 경계가 단지 날카로운 선으로 그어지는 것이 아니라, 그 경계에 틈새와 여지가 있다는 걸 보여 준다. 섬처럼 떠 있는 주체의 경계선 밖의 타자가 아니라 주체와 타자의 관계, 역학, 소통 가능성과 불가능성, 표상 가능성과 불가능성이 이 주제 안에 있다.

이 책의 1장은 서구 철학 전통에서 타자 문제가 다루어져 온 방식을 그린다. 주체에게 타자는 무엇인가? 타자는 왜 주체에게 문제가 되는가? 타자란 무엇인가? 타자와의 관계에서 주체란 무엇인가? 프란츠 파농Frantz Fanon은 "사실 흑인만의 문제란 없다. 혹여 그런 것이 있다손 치더라도 그것은 우연적이긴 하지만 백인과 관련되어 있다"라고 했다(파농, 『검은 피부, 하얀 가면』, 30쪽). 이 말을 이렇게 바꾸어 볼 수 있겠다. "사실 타자만의 문제란 없다. 혹여 그런 것이 있다손 치더라도 그것은 우연적이긴 하지만 주체와 관련되어 있다."

2장에서는 대표적 '타자의 철학자'로 꼽히는 레비나스, 니체, 데리다의 철학을 개괄한다. 이들이 왜 타자를 철학의 중심 주제로 삼는지 살펴본다. 이들은 모두 동일성 또는 주체에 앞서, 차이 그리고 타자가 선재한다는 것을 강조한다.

이 개괄적 접근을 바탕으로 3장 「'여성', 타자의 은유」로 나아갈 것이다. 이 세 명의 철학자들에게 공통적으로 여성이 타자의 은유로 제시된다. 언어화를 거부하는 절대적 타자성을 묘사하기 위해, 이들은 모두 '여성'을 타자의 은유로 채택했다. 이는 단지 우연의 일치일까? 그렇지 않다면, 그 이유는 무엇일까? 3장에서는 이들이 타자를 형상화하기 위해 사용한 여성 은유의 의미를 분석할 것이다. 여기에는 나의 앞선 연구들이 포함되어 있다.*

주체와 타자의 문제를 다루기 시작하면서 앞서 조심해야 할 것이 있다. 그것은 '타자'를 특정한 방식으로 규정하고 재현하는 것이

---

* 3장의 2절 '레비나스의 경우'와 4절 '데리다의 경우'는 각각 「여성, 타자의 은유: 레비나스의 경우」와 「데리다의 "여성" 은유」라는 제목으로 발표되었던 논문을 거의 고스란히 담고 있다. 「여성, 타자의 은유: 레비나스의 경우」는 『한국여성철학』 제9권(2008년 6월)에, 「데리다의 "여성" 은유」는 『해석학연구』 제24집(2009년 가을)에 발표되었다. 3절인 '니체의 경우'는 더 앞서 2002년 겨울호 『철학과 현실』에 실렸던 「여성, 타자의 은유: 니체의 경우」에 기초하지만, 니체의 '여성'에 대해서는 다시 읽고 다시 썼다.

다. 흔히 타자의 문제를 이야기할 때 우리는 이주자, 난민, 소수자 등과 같이 주변화된 특정 집단을 연상한다. 많은 글들이 이와 같은 특정 집단을 다루면서 '타자' 개념을 사용한다. 그들이 '타자'라는 것이다. 그러나 이 책은 주체와 타자의 개념, 그리고 주체와 타자의 관계를 다루면서 타자를 특정 집단으로 '동질화/정체화'하여 고정하는 것을 경계한다. 타자성은 본질이 아니라 위치이며, 고정된 속성이 아니라 맥락적 구성물이다. 따라서 한 개별자 안에도 주체와 타자의 위치, 권력에 의한 주체/타자의 자리매김이 교차한다.

차례

머리말 5

1장 · 주체와 타자의 자리 14

  1. 주체의 자리 15
    1) "나 여기 있고, 너 거기 있지" 15
    2) '나'는 무엇인가? 17
    3) '나'의 모험 23
    4) "나는 내 이야기이다" 28

  2. 타자의 표상 30
    1) "모든 인간은 섬이다": 유아론의 그늘 30
    2) 구체적 타자 – 너, 남, 그들 : '관계 맺기'의 안과 밖 34
    3) 이방인, 괴물, 신비 37

  3. 주체가 타자를 말할 때 42

2장 · 주체에서 타자로 50

  1. 주체 중심의 동일성 철학에서 타자 중심의 차이의 철학으로 51
  2. 동일성 철학은 전체성의 폭력이다: 레비나스의 타자의 윤리 54
  3. 동일성 철학은 허구다: 니체의 형이상학 비판 59
  4. 차이화가 동일화에 앞선다: 데리다의 해체 65

3장 · '여성', 타자의 은유 72

1. 타자의 은유 72

2. 레비나스의 경우 77
1) 절대적 타자성으로부터 시작되는 윤리학 77
2) 주체의 존재론적–형이상학적 모험 80
3) '여성적인 것'의 이중적 의미 89
4) 레비나스 여성 은유의 함정 101

3. 니체의 경우 110
1) 여성 철학자의 니체 읽기 110
2) 니체에게 여성이란 무엇인가? 117
3) 니체 여성 은유의 문제 127

4. 데리다의 경우 129
1) 경계에 있음 129
2) 니체의 여성 은유에 대한 해체적 독서 132
3) 거세의 구문론 138
4) 여성은 어디에 있는가? 144
5) 여성 은유의 폭리 152

맺는 말 · 주체와 타자 사이, '사이'를 듣기 160

참고문헌 167 | 더 읽을 책 171 | 찾아보기 173

| 일러두기 |

1 인용 출처의 상세 서지사항은 권말의 '참고문헌'에 모아 두었다.
2 인용문 안의 강조는 별도의 표시가 없는 한 원저자의 강조이며, 인용문 안의 대괄호는 인용자가 독자의 이해를 돕기 위해 부가한 것이다.
3 단행본·정기간행물에는 겹낫표(『 』)를, 논문·단편·시 등에는 낫표(「 」)를 사용했다.
4 외국 인명이나 지명, 작품명은 2002년 국립국어원에서 펴낸 외래어표기법을 따랐다.

여성,
타자의
은유

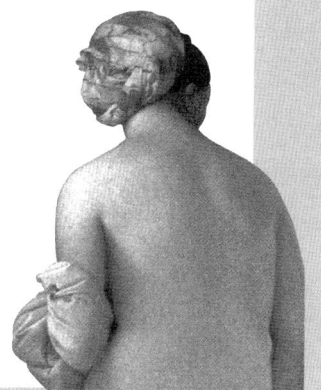

[1장]
주체와 타자의 자리

주체와 타자의 문제는 한 층위의 문제가 아니다. 주체와 타자 사이의 관계에 대한 철학적 질문은 일차적으로는 의식철학의 근본 주제였다. 의식으로서의 주체가 자기가 아닌 다른 의식과 만날 때, 자기 자신의 의식과 또 타자의 의식을 어떻게 구축하고 이해하고 확립하는가가 가장 일차적인 물음이었다. 내 의식이 아닌, 그러나 내가 그러한 만큼 세계의 인식 주체로서 자기를 주장하는 타인의 의식이 내 자의식의 한계가 되는 상황을 나는 어떻게 직면하는가를 묻는다. 그러나 지금 우리에게 익숙한 주체와 타자의 문제는, 권력 개념이 개입된 보다 현실적인 주제이다. 즉 중심 주체 권력에 의한 소수적·주변적·하위주체적 타자의 배제라는 이슈와 연결된다. 의식철학과 권력관계라는 이 두 가지의 주제 영역은 서로 연결되어 있다. 그러나 완전히 포개지지는 않는다.

 우선 이 자리에서는 서구 철학의 전통에서 그려지는 주체의 위상을 확인하는 데서부터 '주체와 타자의 문제'에 대한 숙고를 시작해 보려고 한다. 주체는 어떤 위상에서, 어떤 구조와 관계를 반영하는지, 그리고 그 위상·구조·관계가 어떤 함의를 갖는지 생각해 볼 것이다. 여기서 주체는 일차적으로 '나'라는 '자기의식'을 의미한다. 이 주체는 '나'라고 의식하는, 가장 직접적인 의식으로서의 나이다. 그런 주체에게 '타자'란 무엇인가? 나의 자의식은 타자에게 어떤 위치를 부여하는가? 주체는 타자를 어떻게 그리는가?

1. 주체의 자리

1) "나 여기 있고, 너 거기 있지"

"이봐, 나 여기 있고, 너 거기 있어?" "아, 나 여기 있고, 너 거기 있지." 영화 「왕의 남자」에서, 들판을 가로질러 도망가던 사당패 놀이꾼 공길과 장생은 울적한 기분을 달래려고 '봉사 놀음'을 시작한다. 둘은 자연스럽게 실에서 마주친 강 봉사와 봉 봉사의 역할 놀음에 빠져든다. 몸이 부딪친 두 봉사는 서로를 볼 수 없기에 상대의 정확한 위치를 알 수 없다. 상대의 위치를 확인하기 위해 강 봉사가 먼저 이렇게 묻는다. "나 여기 있고, 너 거기 있지?" 봉 봉사가 이 물음에 이렇게 답한다. "아, 그래, 나 여기 있고, 너 거기 있지."

　이 묻고 답하기는 동일한 문장의 반복이다. 그러나 그 의미 내용은 같지 않다. "나 여기 있고, 너 거기 있다"라는 동일한 문장기호가 두 주체 사이를 왕래하면서, 각각 다른 사람을 지시한다. '나'는 강 봉사의 '나'가 되었다가, 다시 봉 봉사의 '나'가 된다. '나'라는 지시대명사는 '지금, 여기' 등의 지시대명사와 마찬가지로, 그 자체로는 어떠한 하나의 대상적·지시적 의미 내용을 담지 않는다. '나무'라는 단어의 모든 개별적인 사용에 참조가 되는 '나무' 개념이 존재하는 것과 같은 방식으로, '나'를 지시하는 '나' 개념은 존재하지 않는다. '나'는 어떤 실체를 명명하는 단어가 아니다(벤베니스트, 『일반언어학의 제문제 1』, 374~375쪽).

너와 나의 자리 내용이 비어 있는 '나'라는 지시대명사에 대상적·지시적 의미가 담기려면, '나'라고 말하는 주체가 있어야 한다. 화자가 주체가 된다. 주체가 될 수 있는 것이 바로 화자의 능력이다. 화자는 '나'를 말함으로써, 언어의 주인이 된다. '나'라고 말하는 자가 '나'인 것이다(『일반언어학의 제문제 1』, 372쪽). '나'를 말함으로써 '나'로 나를 지시하면서, 화자의 위치에서 주체로서 자기 생각과 자기 위치를 진술할 수 있게 되는 것이다.

    그런 '나'는 '지금'과 '여기'를 지니고 다닌다. '지금, 여기, 이것'도 '나'와 마찬가지로 실체로서의 지시체(지시 대상 reference)를 갖지 않는다. 발화하는 현재의 담화 상황에서 '나'를 말함으로써 그 지점으로부터 말하는 주체인 '나'에 의존하여, 지금이라는 시간과 여기라는 공간이 발생한다. 그러면서 "나 여기 있고, 너 거기 있지"라는 문장이 의미 내용을 갖게 된다. 내가 여기에 있는 한, 나는 여기에 있다. 그러니 내 자리는 여기이다. 따라서 너는 '거기'에 있다. 각 화자가 자기의 담화discours에서 자기 자신을 지시하면서 자기 이야기를 하기 시작할 때, '나'는 하나의 '다른 사람', 즉 거기에 있는 '너'인 상대방을 설정한다. "이 다른 사람은 '자아'moi에 아주 외재적이면서도 내가 '너'tu라고 하는 나의 메아리가 된다"(『일반언어학의 제문제 1』, 273쪽). 이 두 극성極性, polarité이 언어가 사용되는 현장인 담화 상황의 근본 조건이다. 그러나 "이 극성은 동등이나 대칭을 의미하지 않는다. '자아'ego는 항상 '너'tu에 대해 초월적 지위를 지닌다"(『일반언어학의 제문제 1』, 273쪽). '너'는 '나'에 의해 "거기!"라고 지정되는 위치에 놓인다. 내가 "나!"라고 발화하는 그 순간에 나는 하나의 언어 체계를 나의 것으로 인수하여 사용하면서, 내가 아닌 다른 사람과 나를 구분하고, 내 이야기를 듣는 '너'를 지정한다.

2) '나'는 무엇인가?

내가 누구인지 말할 수 있는 자는 누구인가 '나'라는 지시대명사에 해당하는 하나의 실체로서의 지시 대상은 없지만, 주체는 '나'라고 말함으로써 언어의 주인이자, 지금 여기의 중심이 되는 '나'의 위치를 잡는다. 그렇게 나는 내가 된다. 주체인 나는 나 이외의 모든 것들과 구분되는 특별한 구조를 갖는다. 그것은 행위, 인식, 판단, 감정의 주인이 되는 것이다.

　그 언어의 주인이 되는 '나'는 무엇인가? 내가 나라는 사실은 적어도 나에게는 의심의 여지가 없이 확실해 보인다. 내가 느끼는 것,

생각하는 것, 감각하는 것 모두는 지금 나에게 의식의 직접성으로 주어지기 때문이다.

그러나 간혹 나는 자기 자신이 낯설어지는 느낌을 경험한다. 그런 느낌은 때로는 가볍게, 때로는 심각하게 다가온다. 예를 들어, 아침 잠자리 아직 꿈에서 덜 깨어난 상태에서 나는 문득 내 자신이 낯설다. 이 낯섦의 경험이 다음과 같은 물음을 던지게 한다. 나는 누구인가? 지금의 이 나는 어제의 나와 동일한 사람인가? 내가 어제의 나와 동일한 나라는 사실을 나는 어떻게 확신할 수 있을까?

이전과는 전혀 다른 사람이 되었다고 느끼는 한 사람이 이렇게 말한다고 하자. "나는 다시 태어났다." "나는 새사람이 되었다." 그렇다면 나는 '새사람이 되기 이전' 과거의 행위와 어떻게 연결되는가? 나는 나의 과거에 대해 책임질 수 있는가? 나의 '이전 사람'과 '새사람'은 어떻게 모두 나의 것이 되는가?

두 딸에게 배반당한 리어 왕은 폭풍우 속에서 광기에 사로잡힌다. 모든 권위와 권력, 부귀와 위신을 잃어버리고, 쫓기듯 내몰린 리어는 스스로 "나는 누구인가?" 묻는다. "여기 나를 아는 사람이 있느냐? 이건 리어가 아니다. 리어가 이렇게 걷더냐? 이렇게 말하고? 리어의 눈은 또 어디에 있느냐? 판단력이 약해졌거나, 분별력이 무디어졌거나—하! 생시인가? 그럴 리 없어. 누가 좀 말해 다오. 내가 누구인지 말이다"(셰익스피어, 『리어 왕』, 65~66쪽).

어제의 나와 오늘의 나를 동일한 인격으로 만들어 주는 나의 '나임'을 보증해 줄 수 있는 것은 무엇인가? 내가 무엇인지, 누구인지 말할 수 있으려면, 내가 나로서 어떤 정체성identity을 가지고 동일한 존재로 유지될 수 있어야 할 것이다. 나의 신체는 나의 동일성의 근거가 될 수 있을까? 혹은 나의 영혼이 나의 정체성을 보장해 주는가?*

자체 동일성 한 존재자의 동일성 또는 정체성을 확인한다는 것은, 우선 그 존재자가 그 존재자 자체idem라는 사실을 확인하는 것이다. 그 존재자가 내적으로 분리되지 않은 하나의 개별적 단위일 때, 그 존재자는 동일한 것이다. 이 자체 동일성은 같음, 그것 자체임, 절대적 동일성, 동시성, 동등성, 시간 속에서의 지속 등을 함축하는 동일성이다. 자체 동일성은 수적 개별성을 내포한다. 이 동일성은 동일률("A는 A이다")에 근거한다. 이것은 한 존재자가 그것 자체로 있음을

---

* 몸과 주체의 관계는, 그 자체로 타자의 현상학에서 다루어져야 할 하나의 주제이다. 주체가 의식인 한, 몸의 경험은 자기와 다름(타자성) 사이에 놓여 있다. 데카르트 이래로 서구 근대철학은 사유하는 실체(생각하는 나 res cogitans)와 물리적 자연(연장을 가진 실체, rex extensa)을 구분했다. 이 구분은 나의 정신과 그것의 타자로서의 물리적 몸의 구분을 포함한다. 우리의 육체는 우리 자신과 분리된 어떤 것으로 나타난다. 그런데 몸의 경험은 데카르트의 심신 이원론에 근거한 이러한 이분법적 도식에 맞지 않는 지위를 갖고 있다. 예를 들어 우리가 육체적으로 고통을 당할 때, 그것은 자아에 직접적이다. 우리의 몸은 물리적 실체로서 외적 연장을 갖지만, 그렇다고 우리가 우리의 몸을 책이나 가방 같은 다른 사물을 갖고 있는 것처럼 '갖고 있다'고 말할 수 없다. 우리 몸은 현상적으로 대상화되어 보이고 만져지는 것일 뿐 아니라, 주체적으로 들을 수 있고 만질 수 있는, 움직이고 표현하고 열망하는 몸이다. 몸은 나에게 낯선 요소를 가지고 있다. 노화, 질병 등은 몸이 나에게 타자성으로 있다는 사실을 깊이 각인시킨다. '질병'은 몸의 이 애매한 지위를 주체가 급격히 타자성으로 의식하게 하는 계기이다. 병은 낯선 손님이고, 익숙해져야 하는 타자성이며, 주체 의식에 대한 직접적인 한계이자 극복해야 할 다름이다. 그러나 나는 신체이기도 하다. 신체는 나에게 낯선 타자성인 동시에, 그것이 바로 나인 것이다(Waldenfels, "Leibliche Erfahrung zwischen Selbstheit und Andersheit", pp.68~91).

의미한다. 이 자체 동일성에 반대되는 것은 '변화'와 '다름'이다(리쾨르, 『타자로서 자기 자신』, 15쪽). 그러므로 주체의 자체 동일성은 주체인 내가 바로 그 '나 자체'임을 의미한다. 주체의 자체 동일성은 나의 동일성과 동시성, 지속성, 같은 인물임, 같음sameness으로서의 나를 지시한다.

그러나 이 자체 동일성은 매우 취약한 근거 위에 있다. 주체의 자체 동일성은 제한적이고 이상적이다. 변화와 다름으로부터 온전히 보호받는, 엄밀한 의미의 같음은 현실적으로는 불가능하기 때문이다. 시간의 흐름은 늘 '변화'를 동반하기 때문에, 주체의 자체 동일성을 유지해 줄 수 있는 유일한 근거는 '지금 여기'라는 동시적 현전성이다. 변화와 다름에 의해 작용받지 않을 엄밀한 의미의 자체 동일성은 점punctum으로 표상되는 현재에만 보장될 수 있다. 그런데 이 점과 같은 현재라는 시간은 거의 존재를 갖지 않는다. 점으로서의 현재는 '지금'을 말하는 순간, 이미 지금을 잃는다. 그것은 이미 과거가 되어 버린다. 시간은 끊임없이 흘러가고, 그 흐름 안에서 '지금', 나뉘지 않는 점으로서의 현재 순간은 거의 무에 가깝다.

따라서 시간은 자체 동일성과 대립한다. 시간은 변화의 계기를 내포하기 때문에 자체 동일성을 위협하는 가장 큰 적대자이다. 그러나 우리는 시간 '안에' 산다. 시간 안에 존재하는 모든 존재자들에게 자체 동일성만을 인정할 경우, 우리는 한 존재자에 이름을 붙일 수도, 보편 개념을 부여할 수도 없다.

'틀뢴'의 세계   보르헤스Jorge Luis Borges가 보여 준 틀뢴의 세계는 자체 동일성만 사유할 수 있는 세계이다. 소설 「틀뢴, 우크바르, 오르비스 떼르띠우스」에서 보르헤스는 우리의 현실세계와는 전혀 다른 언어와 사물의 질서를 가진 하나의 가상세계, 틀뢴을 구축한다. 혹성 틀뢴은 한 천재의 주도하에 일군의 "천문학자들, 생물학자들, 엔지니어들, 형이상학자들, 시인들, 화학자들, 대수학자들, 도덕가들, 화가들, 기하학자들로 구성된 비밀집단"이 창조한 가상의 세계이다(보르헤스, 「틀뢴, 우크바르, 오르비스 떼르띠우스」, 29쪽). 그들은 이 세계에 대한 하나의 완벽한 백과사전을 만드는 것으로서 이 세계를 창조했다. 이 세계의 창조자들이 모두 사라진 이후, 남겨진 백과사전에 의하면, "이 혹성(틀뢴)에 있는 나라들은 본질적으로 관념적이다"(30쪽). 이 세계에서 실체는 동시성, 즉 자체 동일성에 의해서만 결정된다. 이 세계의 언어는 이 수적 개별성으로서의 동일성만을 파악한다. 이 세계에서는 '유물론적' 지속 실체는 인식되지 않는다. 그러므로 틀뢴의 언어에는 명사가 없다. 오로지 매 순간 변화하는 현상에 대한 동사들, 형용사들이 그 사태를 설명할 수 있을 뿐이다.

예를 들어, "틀뢴에는 '달'이라는 단어에 해당하는 그 어떤 말도 없다. 그 대신에 스페인어로 말하면 'lunar'(달이 뜨다), 또는 'lunecer'(달이 비추다)라는 동사가 있다. …… 앞의 것은 남반구의 언어들에 대한 얘기다. 북반구의 언어들에 있어 원초적 핵은 동사가 아니라 단음절 형용사이다. …… 그들은 '달'이라고 말하지 않는다. 그들은 '어둡고 둥그런 위에 있는 허공의 밝은' 또는 '하늘의-오렌지빛의-부드러운', 또는 다른 집합의 방식으로 달을 말한다"(31~32쪽).

명사가 없는 틀뢴에서는 지속하는 동일성이 없다. 틀뢴의 '아홉 개의 구리동전의 궤변'은 수적 개별성에 근거한 자체 동일성에 근거하여 표상되는 세계 인식의 단면을 보여 준다. "화요일에 X가 텅 빈 거리를 지나다 아홉 개의 동전을 잃어버린다. 목요일에 Y가 그 거리에서 수요일에 내린 비로 약간 녹이 슨 네 개의 동전을 발견한다. 금요일에 Z가 길에서 세 개의 동전을 발견한다. 금요일 아침, X가 자신의 집 복도에서 두 개의 동전을 발견한다." 틀뢴의 형이상학자들에 의하면 찾은 아홉 개의 동전이 잃어버린 아홉 개의 동전이라고 하는 유물론자들의 주장은 궤변이다. 그들은 이것이 '오류에 빠지는 논법' reductio ad absurdum에 근거하고 있다고 반박한다. "그들은 '동등한 것'과 '일치하는 것'은 서로 별개의 것이라고 논박했다. 만일 그 두 가지가 서로 같다고 생각하는 것은 마치 '계속되는 9일 밤 동안 극심한 고통을 겪은 아홉 사람'이라는 가상적 경우의 예처럼 일종의 '오류에 빠지는 논법'을 형성하게 된다. 그들은 그 고통이 똑같다고 간주하는 것은 정말 어리석은 생각이 아니냐고 반문했다. …… 그들은 만일 '동등성'이 '일치성'을 의미한다면 우리는 아홉 개의 동전이 단 하나의 동전임을 인정해야 할 것이라고 논박했다"(36~37쪽).

그러나 틀뢴 세계의 관념성은 우리에게는 사고실험일 뿐, 우리는 존재자의 지속하는 동일성에 근거한 경험의 세계에 산다. 따라서 협소한 자체 동일성을 넘어서 정체성을 근거 지우는 일이 필요하다.

3) '나'의 모험

자기 정체성 "당신은 누구인가?"라는 물음에, 시간의 흐름과 상황적 조건을 뛰어넘어 늘 한결같은 동일성으로 "나는 나다"I am who I am라고 답할 수 있는 자, 변형과 다름의 요소들로부터 완전히 자유롭게 "스스로 있는 자"라고 말할 수 있는 자는 신뿐이다.* 신 이외의 모든 의식 주체는 자기 정체성self identity을 유지하기 위해, 그 다름의 요소, 변형의 작용에도 불구하고 내가 다시금 나 자신임을 확인할 수 있어야 한다.

자체idem와 자기ipse는 동일성의 두 계기이다. 동일성은 이 두 차원에서 이해될 수 있다. "자체라는 의미에서 동일성은 그것 자체가 의미들의 계층 구조를 전개"한다. 자체 동일성은 한 사물이 불변하는 동일한 것으로, 그것 자체로 존재하는 것을 말한다. 따라서 자체 동일성이 보증되려면, 시간 속에서 불변하는 것으로 영속할 수 있어야 한다. "시간 속에서 영속은 이 계층 구조의 가장 높은 정도를 구성하며, 이것에 대립하는 것은 변화하는, 가변적이라는 의미에서의 다른 것이다"(리쾨르, 『타자로서 자기 자신』, 15쪽). 변화한다면 그것은 이

---

* 호렙 산에서 여호와를 만난 모세는, 여호와의 메시지를 이스라엘 자손에게 전해야 한다. 모세는 메시지를 전하는 이를 무엇이라고 불러야 할지 묻는다. "내가 이스라엘 자손에게 가서 이르기를 너희 조상의 하나님이 나를 너희에게 보내셨다 하면 그들이 내게 묻기를 그의 이름이 무엇이냐 하리니 내가 무엇이라고 그들에게 말하리이까. 하나님이 모세에게 이르시되 나는 스스로 있는 자니라(I am who I am)"(「출애굽기」, 3장 13~14절).

미 다른 것이 된 것이며, 따라서 자체 동일성은 이미 사라진다. 그러므로 시간 속에서 변화하지 않는 것은 없다는 사실을 받아들인다면, 자체 동일성은 엄밀하게는 동시성과 더불어서만 보장될 것이다.

 자체 동일성의 문제가 동시성, 수적 개별성에 근거하는 것과 달리 자기 정체성의 문제는 시간의 흐름과 변화를 포용한다. 자기 정체성은 어떤 것을 어떤 것으로 규정하는 것, 즉 재귀적 관계를 담는다. 주체가 시간의 흐름 안에서 다시금 그것이 자기 자신임을 확인할 수 있어야 자기 정체성을 유지할 수 있다. 따라서 자기 정체성은 자체 동일성을 보증하는 토대, 즉 같음·동일성·동시성이라는 협소한 점에 매여 있는 것이 아니다. 주체의 자기 자신은 시간의 지평 위에서 변형을 감수하면서, 그럼에도 불구하고 자기self를 회복하는 과정을 요청한다. 그러므로 "나는 누구인가?"라는 물음에 답하여 주체가 자기 정체성의 내용을 담기 위해서는 '다름', '변형'으로서의 '타자성'을 경유하지 않을 수 없다. 타자는 주체에게 자기 정체성을 재귀적으로 회복해 주는 외적 계기이다.

타자, 다른 의식의 출현 주체의 자기의식은 그 자신이 '아닌' 존재의 도움을 받아야만 생겨난다. 자체idem로 존재할 수 있을 때, 그 존재는 의심의 여지없는 충일함이다. 타자를 요구하지 않는, 충일한 존재의 가능성은 두 가지이다. 하나는 "나는 나다", "나는 스스로 존재하는 자다"라고 단언할 수 있는 신적인 존재의 상태이다. 또는 사물과 같은 즉자의 상태, 의식이 없는 그저 있음이다. 즉자는 한 치의 틈도 없는 자기와의 밀착이다. 그것은 의식이 있기 이전의 존재 상태이다. 스스로의 존재가 아직 물어지지 않은, 시간성에서 벗어난, 타자성을 아직 모르는 상태, "즉자는 어디까지나 그것이 있는 것 외에 아무것도 아니다"(사르트르, 『존재와 무』, 42쪽). 그러나 인간 주체의 의식은 신적인 온전한 존재의 상태에 있지도 못하고, 사물의 즉자 세계에 머물 수도 없다. 의식은 타자의 의식과 만나 주체 의식의 한계를 경험하면서 주체가 될 수 있다.

주체가 자기 정체성을 말할 수 있으려면, 타자성을 한 축으로 가지고 있어야 한다. 주체가 즉자성에서 벗어나 스스로를 의식하고 자기 정체성을 획득하는 과정에서, 구성의 매개가 되는 타자성은 두 가지 의미를 지닌다. 그 하나는 '시간'이라는 변화를 강요하는 실존의 조건이고, 다른 하나는 나와는 '다른' 의식의 주인인 '타자'이다. 이 두 타자성이 닫힌 자아를 자기를 의식하는 반성적 주체로 만든다.

주체는 의식의 직접성에서 유래하는 자기 확실성에서 벗어나 외부의 타자와 만남으로써 자기 자신을 인식하게 된다. 바깥을 모르던 자기의식이 타자를 만나면서, 자기를 상대화하고 자기와 세계의 관계를 정립하게 된다. 주체는 타자들과 마주치면서 자기와 타자를 구분하게 되고, 인식의 주체로서 대상을 갖게 된다.

주체가 자기 정체성을 확보하고, 자기의식을 확립하기 위해서는 나의 의식과는 '다른 의식'인 타자라는 경유지를 필요로 한다. "타자는 나와 나 자신 사이의 불가결한 매개자이다"(『존재와 무』, 386쪽). 재귀적으로 주체가 자기 정체성을 획득하기 위해서는 자기와의 거리가 필수적이다. 즉자 상태에서 벗어나 자기의식에서 나올 수 있을 때, 주체는 자기 정체성으로 되돌아갈 수 있다. 타자인 '다른 의식'의 존재로 인해 나는 나 자신을 거리를 두고, 객관적으로 외부의 시선에서 자기를 의식하게 된다. 사르트르는 이러한 객관화된 자기의식을 '부끄러움'이라는 현상을 예로 들어 설명한다.

> 부끄러움은 반성의 손이 미치는 곳에 있다. 그 밖에도 부끄러움의 구조는 지향적이다. 부끄러움은 무언가'에 대한' 부끄러운 파악이며, 그 무언가는 바로 '나'이다. 나는 내가 그것으로 '있는' 것에 대해 부끄러움을 느낀다. 그러므로 부끄러움은 나에 대한 나 자신의 내적인 관계를 실현한다. 즉 나는 부끄러움에 의해 '내' 존재의 하나의 모습을 발견한 것이 된다. …… 나는 방금 하나의 서툰 몸짓, 또는 야비한 몸짓을 했다. 이 몸짓은 나에게 밀착해 있다. 나는 그것을 판단하지도 않고 책망하지도 않는다. 나는 그저 단순히 그 몸짓으로 살아간다. …… 그런데 이때 나는 갑자기 고개를 쳐든다. 그러자 누군가가 그곳에서 나를 보고 있었다. 나는 갑자기 내 몸짓의 야비함을 온전히 실감한다. 그리고 나는 부끄러움을 느낀다. (『존재와 무』, 385~386쪽)

타자, 내 것이 아닌 다른 의식이 나타남으로써, 나는 나를, 그리고 나의 의식과 행동을 내 것이 아닌 눈으로 보는 계기를 갖게 된다. 그리고 그 눈을 통해 나는 내 존재를 객관화시켜 볼 수 있고, 반성적·재귀적으로 내 존재의 구조를 파악할 수 있게 된다. 그러면서 나는 나의 자기 정체성을 확립하게 된다.

오뒷세우스의 모험　오뒷세우스의 방랑은, 주체적 자아의 의식이 자기의 안전한 터전인 고향을 떠나 외부의 타자들과 만나면서도 자기를 유지하고 궁극적으로는 다시금 자기 자신의 터전인 고향으로 되돌아오는, 주체 형성 과정을 상징하는 이야기로 읽혀 왔다.* 이때 타자는 주체의 모험을 구성하는 계기이다. 주체가 고향에만 머무는 한 자기 정체성은 확인되지 못한다. 방랑은 주체를 변화시키지만, 주체는 되돌아온다. 이 방랑의 과정에서 오뒷세우스는 외부의 타자를 주체의 자기의식 안에서 질서 지운다. 자연은 정복되고, 미지의 땅은 지도 그려지며, 막연하던 외부의 힘은 그 마법이 풀리고, 이 모든 것들은 주체에 의해 파악된다. 이 과정에서 주체는 자기 세계를 확장하고, 자의식을 확립한다. 또 그럼으로써 자기를 자기로 정체화하면서 유지한다. 오뒷세우스의 모험은 타자를 통해 성장하는 자의식을 지닌 주체의 모험이다.

　주체가 누구인지 말하기 위해서는, 주체적 자아가 자신의 고립적인 지위 안에만 머물러서는 안 된다. 타자를 경유하는 모험이 그가

---

* 아도르노와 호르크하이머는 오뒷세우스의 험난한 귀향길을 "육체적으로 무한히 허약하며, 이제 자아 의식 속에서 서서히 형성되는 '자아'가 신화를 통과하는 길"로 본다. 호메로스의 오뒷세우스 이야기는 "주체가 신화적 힘들로부터 도망쳐 나오는 도정에 대한 묘사이다". 아도르노와 호르크하이머는 이 방랑의 이야기에서, "고향과 확고한 '소유'로의 귀환이라는 '자기 유지'의 목표"를 달성하는 합리적·계몽적 주체의 형성 과정을 읽는다 (아도르노·호르크하이머, 『계몽의 변증법』, 84~85쪽).

누구인지를 말해 줄 것이다. 그러나 이 모험과 방랑은 위험하다. 그 안에서 자기를 상실하면 안 된다. 이 모든 변화에도 불구하고, 이 주체를 자기라고 말할 수 있어야 한다. 주체적 자아는 이 위험한 자기부정의 가능성을 극복할 수 있을 때, 자기가 된다.

4) "나는 내 이야기이다"

시간의 모험이 만들어 내는 변화와 다름의 계기를 다시금 자기 정체성으로 통합할 수 있는 가능성은 '이야기할 수 있는 능력'에 있다. 이야기를 통해 분산적이고 파편화된 경험들을 하나의 줄거리로 구성하여 의미로 만들어서 기억하고 전달할 수 있을 때, 나는 경험의 주인으로서 주체가 된다. '이야기할 수 있는 능력'은 주체가 시간의 흐름 안에서 자기를 통합하고 경험과 이야기의 주인이 될 수 있도록 하는 전제다.

오뒷세우스는 트로이에서 이타카로 향하는 길에 갖은 모험을 겪는다. 그 모험은 때로 그의 귀향을 지연하기도 하고 방해하기도 한다. 오뒷세우스는 귀향도, 자기 자신이 누구인지도 잊고 그저 그곳에 머물고자 하는 욕망에 유혹되기도 한다. 그러나 결국 오뒷세우스의 이야기는 그가 누구인지를 말해 준다. 귀환 중에 자신을 환대해 준 알키노오스 왕에게 오뒷세우스는 자신이 누구인지, 어디 출신인지, 어떤 모험을 했는지 이야기한다.

무엇을 먼저 이야기하고 무엇을 나중에 이야기할까요? …… 먼저 내 이름을 말씀드리겠소이다. 그대들도 내 이름을 알도록 그리고 내가 무자비한 날에서 벗어나 비록 멀리 떨어진 집에서 살더라도 여전히 그대들의 손님으로 남아 있도록 말이오. 나는 라에르테스의 아들 오뒷세우스올시다. …… 자, 나는 그대에게 내가 트로이아를 떠났을 때 제우스께서 내게 지우셨던 고난에 찬 귀향에 관해서도 말씀드리겠소이다. (호메로스, 『오뒷세이아』, 191~192쪽)

그러고 나서 오뒷세우스는 자기가 만난 타자들에 대한 모험 이야기를 들려준다. '이야기할 수 있음'이 주체의 정체성을 보증해 준다. 주체의 자체 동일성이 주는 확실성과 견고함을 위협하는 시간의 흐름, 그로 인한 변화. 그럼에도 불구하고 이야기는 주체의 자기 정체성을 보장한다. 내가 누구인지를 말할 수 있어야, 나는 누군가로 존재하며, 기억된다. 시간의 흐름, 경험의 축적, 타자(성)의 개입, 다름의 모험을 통해서, 나를 나이게 하는 것은, 나의 이야기이다.

주체가 자기에 대해 이야기할 수 있기 위해서는, 주체는 우선 언어를 가지고 있어야 한다. 하나의 언어를 자기 것으로 만들어, '나'를 말할 수 있는 것에서부터, 이야기하는 주체의 가능성은 열린다. 주체의 파편화된 시간 경험을 그러모으고, 자기를 이야기로 구성하는 능력을 통해, 주체는 자기 정체성을 확고히 할 수 있다. 그렇게 주체는 변화와 다름의 계기들에도 불구하고, 자기가 된다.

그러나 오뒷세우스의 이야기 안에서, 오뒷세우스가 모험 중에

만난 수많은 타자들은 언어도 이야기도 갖지 못했다. 단지 주체가 된 오뒷세우스의 이야기를 통해, 오뒷세우스가 전하는 대로 표상된 타자로서만 우리에게 기억될 뿐이다. 그들은 그들 자신의 이야기를 갖지 못한다. 그렇다면 타자의 모습은 오직 주체가 전하는 대로만 남겨져야 하는가? 타자의 참된 이야기, 대신 이야기된 것이 아닌 타자로부터의 이야기는 어디에 떠돌고 있는가?

2. 타자의 표상

1) "모든 인간은 섬이다": 유아론의 그늘

타자, 내가 아닌 것   타자란 무엇인가? 추상적 의미에서 '타자'the other란 주체에 의해 부여된 어떤 자리이다. 주체에 대한, 주체가 '아닌', 주체가 지정하는, 주체를 넘어선, 주체가 알지 못하는 자리이다. 그렇기 때문에 타자가 곧 다른 의식인 '타인'만을 말하는 것은 아니다. 타자/타자성은 주체적 자아의 가능성 밖에 있는 모든 것을 의미할 수 있다. 주체적 자아는 주인으로서의 의식이다. 이 주인인 주체적 자아가 자기 의지대로 할 수 있는 영역의 바깥에 있는 것, 다시 말해 의식으로서의 자아의 한계를 구성하는 모든 것, 예를 들어 자연·물질·무의식·죽음 등과 같은 모든 것들이, 이러한 구도에서 타자/타자성으로 이해될 수 있다.

'내가 아닌 것'은 내가 맘대로 할 수 없는 것, 즉 주체적 자기의식의 '자유의 한계'를 의미한다. 그것은 '의지적으로 할 수 있는 것'의 한계, 나의 자유의지를 꺾고 방해하는 경계이다. 이것이 곧 서양 철학 전통에서의 타자의 일차적 의미이다.

예를 들어, '죽음'은 한 의식의 소멸이다. 인간은 모두 죽는다. 우리는 이 사실을 알고 있다. 죽음은 누구에게나 닥쳐오는 삶의 한계이며, 인간적 시간의 끝이다. 죽음은 한 개인에게 가능의 끝이고, 한계이며, 불가지이고, 이유가 없는 종말이다. 그것은 주체적 자의식이 더 이상 어떻게 할 수 있는 것이 아니다. 주체의 의지가 더 이상 작동하지 못하는 경계 너머이며, 자의식이 구성하는 한 세계의 소멸이다. 죽음은 주체적 자아의 '타자'이다.

타자, 다른 의식   그러나 이 추상적인 타자/타자성의 의미가 구체적으로 주체인 나와 부딪치며 긴장하는 공간은, 의식을 가진 다른 존재인 타인과 만날 때이다. 이때 타자는 주체의 의식이 아닌 의식, '나로 있지 않은 나'이다. 주체와 타자의 관계에서 이 '타인'의 의식은 무엇보다 중요하다. 타인의 의식이 곧 나를 대상화할 수 있는 의식, 나의 자의식, 나의 자유와 경쟁해야 하는 자의식이며 자유이기 때문이다. 주체로서의 위상을 점유하기 위해 나는 타인의 의식과 경쟁한다.

주체는 타자와 자기를 가름으로서 주체가 된다. "타자는 내가 아닌 자이며, 내가 그것으로 있지 않은 자이다"(『존재와 무』, 398쪽). 타자는 내가 아닌 의식, 내 의식과는 다른 의식이다. 따라서 그것은 주체 의식의 바깥에 있는 다른 모든 존재자들 중에서도 고유한 지위를 갖는다. 다른 사물 대상들은 인식 주체인 나에게 파악되고 인식되는 대로 존재한다. 그것은 내 의식의 대상이며, 주체인 나에 의해 객체화되는 대상이다. 그러나 다른 의식인 타자는, 그의 관점에서 나를 파악하며, 나를 대상화·객체화하는 의식이다. 나는 그 사실을 알고 있고 의식하고 있다.

타인의 의식은 나에게 직접적으로 현전하지는 않는다. 그의 의식을 나는 알 수 없다. 오로지 유추를 통해서 짐작할 수 있을 뿐이다. 인식의 측면에서, 타자는 간접적·우연적으로밖에 접근할 수 없는 존재자, 유사성을 전제한 경유를 통해 비유적 인식으로서만 짐작할 수 있을 뿐인 '다른 의식'이다. 나는 타자의 생각을, 의지를, 느낌을 알 수 없다. 인식의 측면에서 타자는 미지의 차원에 있다. 그렇기 때문에 타자는 나에 비추어 표상될 수밖에 없다.

"타자는 악이다" 타자는 주체의 확실성과 안전성을 위협하는 '악'이자 극복되어야 할 요소로 받아들여져 왔다. "서구의 사유는 일찍이 선善을 자아 정체성 및 동일성의 개념과 등치시켰으며, 악의 경험은 우리 밖의 이질적 존재와 연결시켰다. 거의 언제나 타자성은 영혼의 순수한 단일성을 오염시키는 이질화와 밀접한 관계가 있는 것으로 여겨져 왔다"(커니, 『이방인, 신, 괴물』, 116쪽). 그 이유는 무엇인가?

타자의 위협은 다음의 두 가지 측면에서 유래한다. ① 타자는 미지이자 불가지이다. 타자의 체계는 나의 그것과 다르다. "타자는 내 경험 속에서는, 내 경험을 가리키는 하나의 현상이 아니다. 오히려 타자는 원리적으로 나에게 있어 가능한 모든 경험의 밖에 있는 현상들에 귀착하는 것이다"(『존재와 무』, 394쪽). 그가 무엇을 생각하고 무엇을 원하는지, 나는 알 수 없다. 그의 의식은 나에게 그 자체로 현상하지 않기 때문이다. 그런데 그는 나와 다르므로, 그의 의지와 의식이 나에게 호의적인지 위협적인지를 알 수 없고, 짐작하기 어렵다. 그가 낯설 때, 더욱 그러하다. ② 타자는 나를 대상화한다. 타자도 주체이며, 의식이다. 그의 주체로서의 의식은 나를 대상으로 파악한다. 타자의 의식 앞에서 나는 무력하다. 나는 대상화되며, 객체로 취급된다. 타자가 나를 객체로, 대상으로 취급할 때, 나는 내가 생각하는 나, 내가 의식하는 내가 아니다. 즉 타자의 시선, 타자의 의식에 의해 나의 자유는 박탈당한다. 이 관계에서 타자의 의식과 나의 자의식은 경쟁적인 관계 안에 있다. "서양 정신이 보여 주는 타자에 대한 공포는 바로 이 수동성[자유의 박탈]에 대한 공포에서 비롯된다. 나와 동등한 타자가 나 밖에 스스로 존재한다는 것은 내가 그에 의해 언제라도 예속되고 수동적으로 상처 입을 수 있다는 가능성을 함의한다"(김상봉, 『서로주체성의 이념』, 67쪽).

유아론과 타자의 표상 주체적 자아에게 확실한 것은 자기의식이다. "나는 아프다"라는 현실은 나에게 확실하며 직접적이다. 반면 나 이외의 그 누구에 대해서도 내가 아플 수는 없다. "아프냐? 나도 아프다"라고 말할 수 있는 상상력은 감정이입이나 공감을 통해서만 가능하다. 그것이 가능할지라도, 그 아픔의 직접성과 내용은 다를 수밖에 없다. 나의 아픔과 너의 아픔은 다르다. 너의 아픔을 내가 직접 느낄 수는 없다. 너의 아픔을 알기 위해서는, 일련의 공감적 감성의 활동이 요청된다. 너의 아픔에 대한 이해는 "내가 아픈 것처럼" 너도 아플 것이라는 개연적 가설에 의거한다. 자기의식 이외의 모든 의식에 대하여 주체적 자아는 불확실하다. 주체적 자아는 다른 의식에 대하여 그저 유추하거나, 짐작할 수 있을 따름이다.

이러한 유아론적 인식의 관점에서 보자면, 타자는 알 수 없는 영역이고, 다른 체계이다. 타자는 알 수 없다. 뿐만 아니라, 그 타자가 나에게는 대상이지만, 그 또한 의식을 가진 존재다. 다시 말해서 그의 입장에서 보면 그는 나를 대상화하는 시선이자 의지와 욕구와 관점을 가진 의식이다. 이때 그의 이러한 측면은 내가 모르는, 단지 추측하는 영역이다. 타자의 문제가 일차적으로 위협, 악, 극복해야 할 요소로 다가오는 이유는, 그것이 주체의 확실성이나 주체의 체계 안에 머물지 않는, 주체가 '아닌', 주체와는 '다른' 영역으로 남기 때문이다.

타자는 나로부터 유래하지 않는다. 그렇기 때문에 주체의 유아론적 자의식에 있어서, 타자는 그 자체로 알려지지 못하고 단지 주체에 의해 '표상'될 뿐이다. 타자는 내 의식에 의해 그려지는 대상이 된다.

2) 구체적 타자 ― 너, 남, 그들: '관계 맺기'의 안과 밖

너   일상적으로 우리는 타자를 어떻게 규정하는가? 우리는 타자를 어떻게 만나는가? 우리의 일상적 의식 안에서 타자란 누구인가? 주체와 타자의 문제를 다룰 때, '타자/타자성'은 여러 개의 유사하지만 동일하지는 않은 일상언어 개념들의 스펙트럼 안에 퍼져 있다. 이 스펙트럼은 타자/타자성의 여러 가능한 의미들을 함축한다. 각각 어떤 개념어를 사용하는가에 따라 타자에 대한 주체의 태도는 동일하지 않다. 꼼꼼히 따져 보면 각기 다른 의미 내용을 갖는 언어의 사용이, 타자/타자성의 문제라는 주제 아래 뭉뚱그려지기도 한다.

    타자의 가장 구체적인 모습으로 떠올릴 수 있는 것은 바로 타자는 주체인 내가 아닌 '너'라는 것이다. "나 여기 있고, 너 거기 있지"라고 말할 때, 주체가 언어의 주인으로서 나를 지정할 때, 대화의 상대방에게 지정하는 '너'의 자리를 상상할 수 있다. 너는 내가 지정하고 자리매김해 주는 것이다. 나와 너는 동등한 위치에 있지 않다. 나는 자유이고, 너는 나에 의한 예속이다. 그런 의미에서 나의 입장에서 너는 수동이며, 부자유이고, 지정된 대상이다.

    그러나 나에 의해 호명된 '너'는 이미 나와의 관계 안에 있다. 그 경우 엄밀한 의미의 타자라 말하기 어렵다. 너는 이미 니에 의해 파악되고 포착된, 내가 인식한, 나의 경계 안에 있는 대상이 되기 때문이다. 이 타자는 나와 무연한, 내가 알 수 없는 타자와는 다르다. 때로 나와 너는 이미 '우리'라는 주체의 복합적 관계 안에서, 집단 정체성을 공유할 수 있기 때문이다.

남   그렇다면, 나와 너의 관계가 지은 테두리인 '우리' 밖에 있는 '남'이 타자일 것이다. 남은 내 것이 아닌 것, 나의 관심과 의식의 경계 바깥을 지칭한다. '우리'는 어떤 공적이거나 사회적인 규정들·속성들을 공유한다. "우리가 남이가?" 우리는 남이 아니다. 남은 우리가 아니다. 남은 나와 무연하며 무관하다. 따라서 내가 너를 대하는 방식과 남을 대하는 방식은 같지 않다. 너를 이해할 수 있는 유추의 가능성과 남을 이해할 수 있을 유추의 가능성은 그 정도에 있어서 큰 차이가 있을 것이다.

'우리'는 확장된 주체이다. 그러나 '우리'는 완전히 동질적일 수 없다. 따라서 '우리'라는 집단 주체는 개별자인 '나' 주체와 갈등할 수 있다. '우리'라는 집단 주체에 대한 규정들은 '나' 주체의 규정과 완전히 포개지지 않을 수 있기 때문이다. '우리'라는 집단 주체가 '남'이나 '그들'과의 구별 짓기로 작용하고, 많은 경우 현실적인 배제나 포함의 역동 안에서 힘을 발휘하지만, 우리의 집단 주체가 개별자의 주체와 포개지지 않기 때문에 '우리' 주체는 그 내부에 타자성을 포함한다. '우리'라는 집단 주체가 그것에 완전히 동화할 수 없는 개별자에 대해 어떤 강요나 억압이나 폭력성으로 작용할 수 있다.

그들 '그들'은 나와 너로 이루어진 이 '우리' 동아리의 친숙함이 없는, 우리에게 낯선, 우리에 속하지 않는 것으로 배제당하는 위치를 말한다. 너는 이미 나의 의식 안에서 유추적으로, 가설적으로 파악된 관계 내에 있다. 주체적 집단인 '우리'에 대하여 '그들'은 우리가 아닌 자들의 총체이다. 그들은 낯선 이, 이방인의 얼굴을 가지고 있다. 다른 문화와 다른 소속에 의해 규정되는 '그들'은 우리에게는 알 수 없고 이해할 수 없는 집단이다. 따라서 '그들'은 괴물일 수도, 신비로운 존재일 수도 있다.

'그들'은 타자성의 보다 구체화된 표현이다. 그리고 '그들'은 우리 안에도 있다. 우리 안의 '그들', 주체가 되지 못하는, 우리의 언어를 가지지 못한, 자기 이야기를 하지 못하는 그들은 소수자, 하위주체이다.

의식철학의 추상적 주체와 타자 관계는 일상어에서 '타인', '너', '남', '그들'과 같은 용어로 지칭되어 왔다. 이 일상어 지칭들은 각기 다른 의미 층위를 가지고, 각기 다른 권력관계를 드러낸다. 어떤 개념은 주체에 의해 파악된 타자를, 또 다른 개념어는 주체에 의해 배제된 타자를, 또는 주체에게 도저히 도달되지 않는 미지의 타자를 지칭하기 위해, 우리는 각기 다른 뉘앙스의 언어를 의식·무의식적으로 사용해 왔다.

3) 이방인, 괴물, 신비

타자성과 낯섦   주체에게 타자는 '다른 체계'이다. 타자의 의식은 주체의 의식에 현전하지 않는다. 주체가 타자를 알 수 있는 방법은 유추이다. 타자인 그가 나와 같다면, 아마도 나처럼 이렇게 느끼고 생각하고 행동할 것이다. 이런 개연성이 유아론에 묶인, '섬'으로 존재하는 주체의 접근법이다. 그런 주체는 나름의 방식으로 타자를 그린다. 추상적인 주체와 타자의 관계는, 주체가 그리는 타자의 모습을 통해 외화된다. 주체는 타자를 직접 알 수 없지만, 자기 체계 안에서 표상하고 표현하고 이야기한다.

주체에게 타자는 낯설다. 타자는 가장 일차적으로 '낯선 이'로 떠오른다. 이 '낯설다'라는 말은 세 가지 뜻을 포함한다. 첫째, 고유한 영역 외부에서 오는 것은 낯설다. 즉 영역의 내부와 대립되는 바깥은 낯설다. 예를 들어 하나의 공동체에는 고유의 가시적·비가시적 영역이 있다. 한 마을을 예로 들어 보면, 그 마을 '안'에 사는 내부인과 그 마을 밖에서 오는 외부인이 구분될 것이다. 내부인에게 외부인은 '낯설다'. 여기에서는 내부와 외부가 대립한다. 둘째, 자기의 것, 즉 고유성에 반하여, 남의 것, 즉 타자에 속한 것은 낯설다. 나 아닌 남에게 속한 것들은 낯설다. 여기에서는 고유함과 다름이 구분의 기준이다. 셋째, 익숙한 것과는 반대로 기이하고 드물고 독특한 것은 낯설다. 여기서의 낯섦은 익숙함에 반대되는 경험이다. 처음 접하는 기이하고 낯선 대상도 접촉의 반복을 통해 익숙해질 수 있다. 이 과정을 통해 낯선 이방성은 익숙한 친근함으로 전이될 수 있다(Waldenfels, *Grundmotive einer Phänomenologie des Fremden*, pp.111~112).

낯선 것과 타자성은 개념적으로 완전히 일치하지 않는다. 그러나 우리는 많은 경우 이 둘을 같은 것으로 취급한다. 그러나 주체와 타자의 관계는 고유성과 낯섦 사이의 관계보다 더 범주적이다. 주체와 타자는 '사물의 질서'에 근거한다. 주체의 의식은 타자를 대상화하는 일정한 지향성을 갖는다. 주체의 의식에 의해 타자는 대상화된다. 그러나 타자의 의식도 주체이다. 타자는 나를 대상화할 수 있다.

내 의식이 타자를 대상화하는 만큼, 타자의 의식은 나를 대상화할 수 있다. 그렇기 때문에 주체와 타자의 관계는 범주적으로 일정한 형식적 틀이라고 보아야 한다.

그리고 형식적 차원에서 이 관계는 가역적이다. "아시아인은 유럽인이 아니고, 유럽인은 아시아인이 아니다." 유럽인이 주체일 때, 아시아인이 타자화되는 것처럼, 역으로 아시아인이 주체일 때, 유럽인은 타자화된다. 그리고 이 관계는 상위의 개념에서 종합될 수 있다. "아시아인과 유럽인이 다르지만, 그들은 모두 인간이다." 그들이 인간인 한 그들은 동등하다. 그러나 인간은 동물이 아니다. 여기서는 인간과 동물이 대립항을 구성한다. 그렇게 되면 인간이 주체가 될 때, 동물은 대상화된 타자가 된다. 혹은 '아시아인'이라는 구성적 주체는 하위로 내려갈 수 있다. "모두 아시아인이지만, 한국인과 중국인은 다르다." 한국인/중국인이 주체가 되면 중국인/한국인은 타자화된다. 이와 같은 범주적 형식은 더 하위 단계들로 분석될 수 있다.

타자의 표상, 이방인 반면, 주체와 낯섦의 관계는 이런 형식적 범주의 관계가 아닌, 경험적 범주의 문제다. 낯선 이는 '도래'를 특징으로 갖는다. 낯선 이방인은 외부로부터, 우리 공동체로 도래한 자이다. '이방인'이라는 표상은 주체 또는 집단 주체에 대하여 낯섦을 특징으로 갖는 타자화된 존재들이다. 외부자로서 이방인은 우리 공동체 안에서 주체로서의 힘을 갖지 못한 자, 권력에 참여하지 못하는 자, 이 장소에서 자기 권리를 주장하지 못하는 배제된 자이다.

그런데 타자는 일차적으로 '낯선 이방인'으로 표상되어 왔다. 주체가 공동체에 대하여 고유성과 가까움을 자기 속성으로 갖는 반면, 타자는 낯섦과 멂, 도래를 자기 속성으로 거느린다. 타자가 이방인으로 그려지는 것은, 타자가 주체에게 낯선 이, 내가 아닌 나이기 때문이다. 주체에 의해 파악되지 않는, 즉 주체의 알 수 있음, 할 수 있음의 영역 밖에 존재하는 타자의 속성으로 인해, 타자는 주체에 의해 알 수 없는 존재로 그려진다. 알 수 없는 낯선 이는 주체에 의해 결여 또는 과잉으로 표상된다.

이방인은 토박이에게 익숙하지 않은 관점을 가지고 온다. 그들은 다른 체계에서 유래한 자들이고, 다른 전통을 가지고 있는 자들이기 때문이다. 그들은 다르게 본다(짐멜, 「이방인」; Schütz, "Der Fremde"). 토박이 주체들과는 달리 이방인은 도래한 공동체의 아웃사이더이다. 아웃사이더로서의 배제는 위태로운 것이지만, 생래적으로 토박이와는 '다른' 관점이 토박이 공동체에 문제를 간파하고, 그 문제에 대해 이의를 제기하는 힘이 될 수 있다. 플라톤의 많은 대화편에서 이방인은 질문자로 등장한다. 거기서 이방인은 사유를 시작하도록 자극하고 의문을 제기하는 자이다. 그것은 주체를 혼란에 빠지게 하는 타자의 모습이다.

타자의 표상, 괴물 다른 한편 타자의 다름은 일그러짐이 되고, 주체와의 차이는 기묘한 것이 되며, 타자는 괴물이 된다. 타자가 괴물로 그려지는 이유는, 타자가 주체에게 낯선 기괴함으로 보이기 때문이다. 괴물은 기괴하고 낯설다. 괴물은 혼종적인 요소들의 무질서한 혼합체이다. 또한 괴물은 통제할 수 없는 힘이자 위협이다.

그리고 전통적인 이야기 안에서 괴물은 자아의 감추어진 욕망이나 본능이 외화된 이미지이기도 하다. 괴물은 주체인 인간의 통제된 이성에 대하여, 본능·자연·주체의 어두운 면·비이성·반이성·광기를 상징한다. 주체는 말끔한 언어와 이성의 질서로 정돈하고 파악하여 경계 지을 수 없는 영역을 타자화하고 괴물의 모습을 입힌다. 괴물 앞에 선 것처럼, 주체는 타자 앞에서 공포와 무기력을 느낀다. 스핑크스의 수수께끼를 푼 오이디푸스나, 미노타우루스의 미로를 빠져나오는 테세우스처럼, 괴물의 통제할 수 없는 힘은 이성에 의해 정돈됨으로써 정복된다.

타자의 표상, 신비 타자성의 다른 상은 타자를 신비한 존재자 또는 신성한 것으로 표상하는 데 있다. 타자를 주체가 도달할 수 없는, 주체에 의해 파악되지 않는 초월로 이해할 때, 이 설내직 타자는 주체에 의한 결정 가능성의 바깥에 놓인 경이로움이다. 이때 타자는 절대적 외재성, 전적인 다름, 파악 가능성 너머에 있는 신적 존재로 그려진다. 이때 타자는 한계도, 형식도 없는, 명명도, 측정도, 예측도 불가능한 영역에 속하는 것으로 그려진다. 이 절대적 타자의 타자성은 곧 주체에게 한계 체험으로 나타난다. 이 신비는 그 자체로 전적인 선일 수도, 상상 불가능한 악일 수도 있다. 이때 타자는 알 수 없기에 신비하고 매혹적이다. 타자를 인식하지도 파악하지도 못하는 한에서, 타자는 말할 수 없는 공포와 두려움의 대상이 되기도 하고, 열광과 숭배의 대상이 되기도 한다.

주체가 유아론적 자기의식에 갇혀 있는 한, 즉 주체가 타자를 인식의 한계로 여기는 한, 타자는 주체에 의해 주체가 상상할 수 있는 모습으로 그려질 뿐이다. 주체는 자기 체계에 머물러 타자를 자기 것으로 만들거나, 그릴 수 없는 타자를 자아의 일그러진 반영물로 그려낼 뿐이다.

3. 주체가 타자를 말할 때

표상하기   주체는 타자를 표상한다. 표상하기vorstellen는 인간 주체가 존재자를 자기 앞에vor 세우는stellen 의식의 활동이다. 표상은 또한 유아론적 의식 주체가 존재자와 관계 맺는 방식이다. 이것은 주체가 대상을 스스로 설정한다는 것을 의미한다. 즉 인간 자신의 틀에 맞추어, 존재자를 재단하고 측정하고 파악하는 것이다.

근대적 의미의 의식 주체에게 세계는 이 인간적인 틀에 의해 앞에 세워진 그림으로 파악된다. "표상 활동을 통해 비로소 인간은 세계를 근거 짓는 자가 되었으며, 존재자는 인간의 계산을 통해 측정된 '대상'으로서 정복되기에 이른 것이다. 그러므로 근대 세계에 와서 인간이 주체가 되었다는 말의 본질은 존재자를 자기 앞에 대상으로 세울 수 있게 되었다는 데, 즉 표상 활동을 할 수 있게 되었다는 데 있다"(서동욱, 『차이와 타자』, 8쪽). 인간은 표상 활동을 통해 세계를 자기 것으로 만들고 자기의 세계 안에 다양한 존재자들을 질서 짓게 된다.

타자도 이 표상 활동에 의해 주체 의식에게 파악되며, 의식 앞에 세워진다. 주체에 의해 정립된 타자는 언제나 주체에 의해 표상된 대상이며 객체이기 때문에, 진정한 타자라 할 수 없다. 주체가 타자를 표상해 온 활동의 결과물들을 살펴보면, 근대 서구의 보편 인간 개념은 낯선 이, 타자를 다루는 데 인식 주체의 서투름을 드러낸다. 주체는 타자를 인식하는 데 무능하다. 결국 주체는 타자를 보면서, 자기 자신만을 본다.

표상하는 주체와 낯선 타자의 조우   주체는 낯선 타인을 만나 그가 동등한 '인간'으로 대우될 수 있을지, 그를 인간으로 대우해야만 하는지를 가늠해야 한다. 서구 주체는 타자를 다루는 데 있어, 역사적으로 다음의 세 가지 방식을 따르는 오류를 범했다.

① 우리가 만난 낯선 이, 그가 인간이라면 그는 동등하게 대우되어야 할 것이다. 그가 다른 언어, 다른 전통을 가지고 있더라도, 이해는 단지 소통의 문제일 뿐이다. 소통의 장애는 언어의 습득과 번역을 통해 해결할 수 있다. 그들은 우리 주체와 같은 인간이다. 그들이 인간인지 여부는 그들이 얼마나 우리를 닮았는지, 그들이 우리처럼 이성을 사용할 수 있는지가 중요한 척도가 될 것이다.

② 우리가 만난 낯선 이, 그가 잠재적으로 인간이라면, 즉 인간은 인간이지만 아직 충분히 인간화되지 못해서 동물 또는 자연에 가까

운, 야만적인, 어린애와도 같은 인간이라면, 그는 우리의 종교·교육·문명을 통해 인간으로 만들어져야 한다. 인간화를 위한 계몽이 강제되어야 한다. 그들이 얼마나 우리와 닮아 갈 수 있는지, 우리 같아질 수 있는지가 중요한 판단의 척도가 될 것이다. 계몽과 교육에도 불구하고, 그들이 충분히 인간이 되지 못한다면, 그렇게 판단된다면, 그들은 인간이 아닌 존재로 취급받아 마땅하다.

③ 그런데 우리가 만난 낯선 이, 그가 인간이 아니라면, 그에게서 인간적인 속성을 발견하지 못한다면, 그는 인간으로 대우될 수 없다. 그는 사물의 범주, 동물과 같은 수준의 '대상'일 뿐이다. 그들을 다루는 방식은 인간을 다루는 방식과는 달라야 한다. 그들을 동물이나 사물처럼 다루어도 정당하며, 오히려 그렇게 다루어 마땅하다. 그들은 우리에게 우리가 가지고 있는 것과 같은 인간의 속성을 증명하지 못하기 때문에, 우리의 눈에 인간이 아니다(Sundermeier, *Den Fremden verstehen* 참조).

주체에 의해 파악된/파악되지 않는 타자　　주체의 입장과 관점에서 출발한 타자의 이해는, 타자를 그 자체로 파악하지 못한다. 주체는 자기의 눈과 틀에서 타자를 재단한다. 주체의 세계는 타자로의 모험을 통해 풍요로워질 뿐, 깨어지지는 않는다. 타자를 주체의 자기 세계, 자기 체계에 포함함으로써 주체는 더 강한 주체가 된다. 그때 타자는 주체에 의해 파악된 바의 것이다.

앞서 언급한 낯선 타자에 대한 주체의 세 가지 태도는 선명하게 분리된 태도가 아니다. 낯선 이를 동등한 인간으로 취급하기 위해서는, 일정한 전제가 충족되어야 한다. "그가 우리와 같다면"이라는 전제는 깨지기 쉬운 것이다. 주체는 자기중심적 관점을 포기하지 않을 것이기 때문이다.

서구 근대의 보편적 인간주의가 서구 밖의 세계에서 자행했던 수많은 폭력적 행위들 — 인종 학살, 인신매매, 노예무역 등 — 은 비이성적이거나 비인간적인 것이 아니었다. 오히려 이 전제 "그/그들이 우리와 같다면"이 적용될 때, 용인되고 정당화될 수 있었다. 주체는 자기의 입장과 관점에서 타자의 '인간됨'을 경계 지을 수 있었기 때문이다.

주체의 체계 안에서 주체에 의해 규정된 타자는 진정한 타자가 아니다. 그것은 주체의 것이다. 그렇다면 진정한 타자는 주체의 한계 너머의 초월일 것이다. 타자는 주체가 파악할 수 있는 것의 바깥이다. 이 구도에 따르면 주체에 의해 그려진 타자는 이미 진정한 타자가 아니고, 진정한 타자는 그려질 수 없는 것이나. 그렇다면 우리는 타자에 대해 어떻게 말해야 하는가?

주체에 의해 재단된 타자가 그 자체로 존재하는바 타자의 모습을 그릴 수 없다는 불가능성에 대한 인정으로부터, 타자는 알 수 없는 것, 주체의 능력과 의지 너머에 존재하는 것으로 파악된다. 타자는 주체가 아니다. 타자는 주체와는 다른 주체이다. 주체는 타자의 자리에 들어갈 수 없다. 그것이 본래적인 범주적 한계이다.

주체와 타자의 권력관계　　주체가 인식과 판단과 행위의 주인인 한, 주체는 타자를 자기의 관점에서 자기의 언어로 표상하고 묘사한다. 이러한 구도하에서 주체가 타자에 대해 말할 때, 권력이 작용한다. 타자는 주체에 의해 지정된 자리, 표상된 모습, 파악된 속성으로 규정된다. 그것은 단지 인식적 차원의 수동성뿐 아니라, 실천적 의미의 '자유의 박탈'과 억압적 지위를 함께 의미한다. 의식철학에서의 주체와 타자의 범주적 배치와 이해가, 현실 속에서 주체와 타자/소수자/주변부/하위주체의 권력 불균형의 관계로 외화되는 이유도 여기에 있다.

　주체의 자기중심성에 근거하든, 혹은 주체의 무능력에서 출발하든, 주체는 타자를 표상한다. 근대 서구 사유 전통 안에서, 타자는 이방인으로, 괴물로, 신비로 표상되었다. 이 표상은 주체가 그린 타자의 그림이다.

　이 타자의 표상은 이중적인 문제를 안고 있다. 그것은 주체에 대한 타자의 수동성과 고정화이다. 주체에 의한 타자의 표상은 그것이 주체의 것이라는 사실로 인해, 즉 주체로부터 유래한, 주체에 의한 타자의 모습이기 때문에, 진정한 타자에 접근할 수 없다는 한계를 갖는다. 타자는 자기를 주장하지 못하고, 주체의 시선과 관점에 의해 수동적으로 표상된다. 그것은 타자가 주체로 인정될 수 있는 가능성의 박탈이자, 타자가 주체로서 누릴 수 있을 자유의 제한이다.

　그것이 타자 표상의 수동성의 문제라면, 다른 하나의 문제는 이 표상이 타자를 고정한다는 데 있다. 주체와 마찬가지로 타자는 유동적 존재이다. 이 주체/타자의 유동성은 위치적 가역성이자 시간적 가변성이고 속성들(사회적·집단적 정체성을 구성하는 요소들)의 다층성이다. 주체와 타자는 범주적 차원에서 '가역적'이다. 주체/타자는 위치이다. 그러나 주체에 의해 타자가 낯선 이로, 괴물로, 신비로 표상되고 나면, 타자는 그 표상대로 존재하게 된다. 주체와 타자의 위치가 가역적인 만큼 이 표상도 상대적이라고 할 수 있을까? 리처드 커니는 그렇게 말한다. "영국을 떠나온 방랑자들이 메사추세츠 해안에서 피쿼트족과 마주쳤을 때 그들은 피쿼트족을 가리키며 '이 이방인들은 누구인가?'라고 묻는다. 물론 본토인인 피쿼트족 또한 영국 잉글랜드의 항구도시 플리머스에서 온 이들을 향해 동일한 질문을 했을 것이다. 이방인이란 언제나 상대적인 개념이다"(커니, 『이방인, 신, 괴물』, 12~13쪽). 과연 그러한가?

"누가 말하는가?" 누가 말하는가? 누가 표상하는가? 피쿼트족의 땅을 밟으며 그들을 이방인이라고 부르는 잉국인들의 자기중심적 주체 의식은 무엇인가? 결코 이 쌍방의 관계는 주체/타자의 의식철학적 범주처럼 가역적이거나 상대적이지 못하다. "이 작은 로빈슨 크루소들과 집 떠난 프로스페로들은 아무런 불편도 느끼지 않는다"(파농, 『검은 피부, 하얀 가면』, 46쪽).

오뒷세우스는 세이렌의 바다를 지날 때, 이방인이자 도래자, 경유자였다. 공손히 자신의 위치에서 길을 청해야 마땅한 이방인이, 세이렌들을 타자로, 이방인으로, 낯선 괴물로 만든다. 그것이 가능한 이유는 오뒷세우스가 말하는 주체로서, 언어 권력의 주인으로서 자기를 세우기 때문이다.*

타자의 모습을 그리는 많은 표상들은 주체의 언어로 써지고 말해진다. 그것은 타자를 일정한 모습으로 고정시킨다. 타자를 그 표상으로만 드러낸다. 이 표상들과 타자의 현실은 순환적으로 서로를 강화한다.

예를 들어 19세기 서구에서 여성은 매혹적인 악으로 표상되었다. '팜므 파탈'femme fatale이라는 표상은 여성을 낯선 타자로, 괴물, 파괴적인 힘이자 강렬한 매혹, 신비로 그린다. 이 극단적으로 서로 다른 속성들을 여성에게 부여하는 것이 아무런 모순을 일으키지 않는 이유는 무엇일까? 그것은 여성이 '타자'이기 때문이다. 여성에게 이러한 표상적 속성들이 부여되면, 현실의 여성은 괴물이자 신비로 인식되고 파악되며 분류되어 타자가 된다. 타자는 괴물이자 신비이고, 괴물이자 신비인 존재는 타자이다. 이 순환은 인식적 차원의 순

---

* "세이렌의 바다를 가로지르는 오뒷세우스는 세이렌들의 노래를 들고도, 귀향에 성공한다. 세이렌들과의 만남은 오뒷세우스의 '이야기'를 통해 전해진다. 그는 귀환 중에 자신을 환대해 준 알키노오스 왕에게 자신이 누구인지, 어디 출신인지, 어떤 모험을 했는지 이야기한다. 그 모험 이야기의 한 대목에서 오뒷세우스는 세이렌들의 바다를 가로지른 자신의 모험담을 담고 있다. 그는 자신의 몸을 돛대에 묶고 세이렌들의 노래를 들었다고 이야기한다. 그런데 세이렌들의 바다에서 오뒷세우스는 이방인이 아니다. '이방인'이 상대적인 개념이라고는 하지만, 모든 경계를 넘어 주체의 중심성을 유지하면서 보유하는 '주체'가 있는가 하면, 자기 공간에서조차 주체가 될 수 없는 주인도 있다. 오뒷세우스는 세이렌들의 장소를 타자화시켰다. 그는 언어를 소유하고 있으며, 그 언어로 자신의 경험을 이야기함으로써 주체가 되었다"(김애령, 「이방인의 언어와 환대의 윤리」, 60~61쪽).

환이 아니다. 그것은 곧 현실에서의 주인의 자리, 행위자의 자리를 지정하는 권력의 문제이기도 하다.

　말하는 주체에 의해 표상된 타자를 넘어서, 우리는 어떻게 진정한 타자에 도달할 수 있을까?

【 2장 】
주체에서 타자로

서양 철학의 역사에서 타자가 문제가 되지 않았던 적은 없다. 그것은 언제나 문제였고, 물음이었다.

'포스트'post- '모던'modern의 시대에 주체와 타자의 관계가 중요한 논점으로 다시 등장했다. 이제까지 전통적인 서양의 철학이 타자의 물음/타자라는 물음을 다루는 방식은 주체의 강한 자기중심성을 벗어나지 못하고, 타자를 늘 극복되어야 할 계기로 인식해 왔다. 그것은 주체 중심의 동일성 철학의 맹목을 반증한다. 동일성을 이념으로 앞에 두고서, 모든 다름들, 타자들을 그 이념으로 수렴하려는 강한 의지를 작동시켰다. 이 동일성 중심의 주체 철학을 비판하면서, 주체에서 타자로, 동일성에서 차이로 관점을 옮기려는 철학적 시도들이 대두되고 있다. 주체 중심의 동일성 철학이 다름과 차이를 배제하고 억압하는 폭력으로 작용해 왔다고 보기 때문이다. 타자 중심의 철학은 무엇에 주목하는가? 주체 중심성에서 벗어나 철학하기는 어떤 작업이 될 것인가?

1. 주체 중심의 동일성 철학에서 타자 중심의 차이의 철학으로

서구의 근대철학은 주체 위에 서 있다. 근대철학에서 주체는 투명한 사유 능력, 이성을 가진 인식자 또는 인식 가능자이며, 합리적이고 자율적인 행위의 주인으로 상정된다. 이성이나 합리성, 자율성이 주체에게 현재 완성된 형태로 주어져 있지 않다 하더라도, 주체는 그 능력을 가지고 있다. 그렇기 때문에 언젠가는 완전한 형태로 그 능력을 소유하고 발휘할 가능성을 지닌 존재로 인정된다. 근대철학은 이와 같은 이성적이고 자율적인 주체를 중심으로 구축되었다.

인식과 행위의 주인인 '나'는 나를 제외한 모든 것, '나'라는 확실한 자기의식 바깥에 있는 모든 것들, 사물뿐 아니라 다른 인간까지도 나의 객체, 대상으로 삼는다. 이 주체와 대상 사이의 관계에서 주체의 지위와 위치, 주도성은 압도적이다. 주체는 객체를 자기의 주관성에 의거해 정의하고 규정할 수 있다. 대상은 주체의 주관성에 의해 규정된 바의 것으로 존재하게 된다. 주체와의 관계에서 대상으로 규정된 다른 의식인 타자도 자신의 고유한 존재적 특성을 주장하지 못하고, 주체의 관점에서 파악될 뿐이다.

이러한 주체를 근거로 동일성 철학의 체계가 구성된다. 주체는 자기 인식에 도달하기 위해 자기 바깥의 대상·객체·타자를 요청하지만, 이 대상·객체·타자는 주체의 고유한 체계 안에서 지양된다. 타자의 고유한 타자성, 즉 타자로서의 고유성은 이 체계 안에서 삭제된다. 주체에 의해 파악된 체계 안에 그 자체로서의 타자성은 없다. 타자는 이미 주체에 의해 매개된 타자, 지양되어야 할 이질성이자 차이일 뿐이다. 그것은 동일성 철학이 본질이자 목적으로서의 이념을 전제하고, 그 전제 위에 구축되었기 때문이다. 궁극적으로 인간, 역사, 세계에 실재하는 다원성은 이 이념의 통합성을 드러내는 우연적 계기일 뿐이다.

동일성 철학 비판　　동일성 철학에 대한 비판은 이 체계가 함축하는 '폭력성'을 경계한다. 동일성 철학은 타자를 그 고유성으로부터 사유하고 수용할 가능성을 갖지 못하므로, 타자를 주체의 영역으로 전유appropriation할 수밖에 없다. 주체가 알 수 있고, 파악할 수 있고, 이해할 수 있는 만큼의 범주 안에서 타자는 그렇게 나타날 뿐이다. 이 인식론적 폭력으로 인해 타자는 타자의 위치에서 자기를 주장할 가능성을 상실한다.

　주체 중심의 근대철학에 함축된 '폭력성'은 정치적 장에서 구체적 효과로 나타나기도 한다. 동일성 철학에 근거한 주체는, 합리적이고 자율적인 행위의 주인으로 그려지고, 이 주체는 '이성을 가진 존재라면 누구나'라는 보편성을 그 이념적 토대로 갖지만, 그 주체가 '모두'를 의미하는 것은 아니었다. 주체가 이해와 인식의 근거이자 주인인 한, 그가 이해할 수 없거나 그에게 낯선 모든 '다른' 주체는 타자의 자리에 남겨지게 된다. 주체에 근거한 동일성 철학이 궁극적으로 서구 중심의 역사 안에서 타자 억압을 정당화하는 근거가 될 수 있었던 구조는 이 주체가 감추고 있는 '중심성'에 있다. '합리적이고 자율적인 주체'는 결국 서구 중심, 남성 중심, 로고스 중심, 백인 중심이라는 위치의 절대화와 전체화를 감추는 보편 주체가 된다.

타자/타자성에 주목하는 차이의 철학은 이 동일성 철학의 폭력에 대한 비판으로부터 출발한다. 동일화하려는 사유에 대한 비판들을 또 하나의 이름으로 묶어 명명하는 것은 모순이 될 것이다. 그러므로 차이의 철학들 또는 타자의 철학들을 하나의 집합체, 하나의 범주, 하나의 이론으로 묶어 낼 수는 없다. 그들 간의 차이가 충분히 주목되어야 하기 때문이다. 그러나 주체를 하나의 동일한 정체성으로 보고 그것을 중심으로 하나의 체계를 구축하고자 하는 동일성 철학의 한계를 지적하는 철학적 경향들이 '타자, 차이'를 사유의 중심 주제로 가져온다.

이 철학들에서 개념적 사유의 동일화 경향을 피해, 존재하는 것으로서의 다름, 차이, 타자성을 사유할 수 있는 가능성과 힘은 어디에서 오는가? 레비나스, 니체 그리고 데리다는 주체 중심의 동일성 철학의 비판으로부터 자신의 철학적 작업을 시작한다. 이 세 철학의 출발점, 문제의식, 경유 지점, 도달점은 각기 다르다. 세 철학을 묶어 낼 수 있는 가능성은 오로지 그들이 '차이'에 주목한 철학하기를 고집스럽게 유지했다는 점일 것이다. 그리고 이것만이 '주체와 타자 사이'에 선 우리의 관심이다. 또한 이들 세 철학자들은 언어화되기 어려운 틈새, 개념적 동일화의 사이에서 타자를 드러내고 말하려고 시도하고 노력한다. 타자를 주체의 언어로 포획하지 않기 위해, 동일자의 언어로 말할 수 없는 차이를 말하기 위해, 이들은 '다른' 언어로 말하기를 시도한다. 이제 이 각각의 철학이 주체 중심의 동일성 철학을 어떻게 비판하고, 그로부터 '타자로의 전향'을 어떻게 수행하는지 살펴보자.

2. 동일성 철학은 전체성의 폭력이다: 레비나스의 타자의 윤리

동일성 철학의 전체성 — 타자 현상의 불가능성   에마뉘엘 레비나스Emmanuel Levinas는 플라톤 이래의 서양 철학 전통을 동일자의 전체성totality에 갇힌 체계로 비판한다. 동일성의 철학이란 자기 자신에게서 출발하여, 자기 자신에게로 귀환하는 철학을 말한다(레비나스, 『시간과 타자』, 52쪽). 다시 말해서, 서양 철학은 이제까지 주체적 자아의 관점에서 세계를 자기 틀로 파악하는 독단적인 길 위에 서 있었다는 것이다. 레비나스는 이 전체성의 철학을 '존재론'이라고 부른다. 존재론은 타자를 동일자의 범주와 도식으로 수렴하는 철학을 말한다. 동일자의 도식에 의해 타자는 동일자에 의해 매개된 하나의 객체로 존재한다. '존재론'의 구조 안에서 객체가 된 타자는 결국 주체 자아에 의해 파악된 바의 것으로 축소될 뿐이다.

레비나스에 따르면 이 전체성의 구조에서 세계와 타자는 그 자체로 존재하지 못하고, 확장된 자아의 폭력을 통해 나타난다. 이러한 철학은 레비나스에 따르면 결국 주체의 자아론Egology에 불과하다. 타자는 주체의 자아에 의해 파악된 바대로만 나타난다. 이 철학에서는 타자의 타자성은 그 고유한 의미를 상실한다. 이 존재론은 동일자 주체의 전체성에 포획되어 있다. 이 체계 안에 타자의 '다름'은 없다. 이 확장된 자아의 전체성 안에서 타자의 차이란 임의적이고 과정적인 것으로 상대화된다. 주체의 전체성 안에서, 동일화 과정을 구성하는 한 계기에 불과하기 때문이다. 동일성 철학 안에서 주체는 타자를 통해 자기 정체성을 확인하고 회복한다. 타자는 주체가 스스로 자기 정체성을 확인하게 하는 하나의 경유지, 매개에 불과한 것이다.

레비나스는 서구 철학 전반을 이러한 주체 중심의 유아론적 구조로 이해했다. 유아론적 주체에게 세계는 자기 자아의 확장에 불과하다. 결국 주체는 자기의 확장된 자아의 영역 안에서 주체에게 비친 타자의 모습을 그릴 뿐이다.

타자의 무한성 레비나스는 이러한 주체의 고집스럽고 폭력적인 세계 인식의 구조를 역전시키고자 한다. 레비나스에게 타자는 주체가 자기를 회복하는 과정에서 경유하는 하나의 과정적 매개 계기가 아니라, 주체가 도달하지 못하는 영역, 주체의 능력, 가능성, '할 수 있음'이 미치지 못하는 부분이다. 다시 말해서 주체에게 '대상'이 되어 주체의 전체성 안에 포섭된 타자성은 레비나스에 의하면 진정한 의미의 타자성이 아니다. 타자성은 주체가 어찌하지 못하는 절대적 다름, 주체가 도달하지 못하는 무한성이기 때문이다. 이 무한성으로서의 타자 앞에서 주체는 자기를 하나의 우뚝 선 주인으로 내세우지 못한다. 그리고 이 한계가 바로 윤리학의 시작점이다.

레비나스는 주체의 능력이 미치지 못하는 절대적 타자의 존재

앞에 겸허하게 자신의 한계를 인정하는 자아의 윤리적 자세를 철학의 가장 근원적인 토대로 위치 지운다. 레비나스에게는 윤리학이 바로 제1철학이다.

레비나스는 타자가 주체의 한계, 즉 주체가 알 수 있고 할 수 있는 능력 너머의 존재라는 점을 강조한다. 타자는 주체에게 절대적 다름이다. 타자는 그 자체로는 주체에게 알려지지 않고, 알려질 수 없다. 주체가 이미 타자에 대해 명명하고 파악하는 순간, 그 타자는 주체의 자아론의 일부가 되며, 그 자체로서의 다름은 사라진다. 따라서 타자의 타자성은 레비나스에게는 끝없이 뒤로 물러나는 신비이다. 주체가 이미 안다고, 파악할 수 있다고 믿는, 그 타자의 모습은 주체로부터 유래한, 주체의 언어와 인식틀에 의거한, 주체가 만들어 낸 상일 따름이다. 타자는 그 자체로 주체의 능력과 가능성을 넘어선 무한이고, 신비이며, 절대적 다름이다. 그래야만 그것이 타자이다.

따라서 그 타자에게 다가가고자 하는 주체의 노력은 파악하려는 의지가 아닌, '초월'을 향한 욕망이어야 한다. 자기 가능성의 한계 너머에 있는 타자의 존재를 향한 열망이 주체의 동일성, 전체성으로부터의 초월을 추동한다. 이것을 레비나스는 '형이상학'이라고 부른다. 레비나스는 전통적인 서구 철학을 주체 중심의 전체성의 존재론이라고 비판하고, 이에 대항하여 타자의 초월성을 향한 형이상학을 자신의 철학적 작업으로 불러낸다. 레비나스가 말하는 형이상학은 초월을 향한 철학이다.

타자의 윤리 레비나스는 타자의 도달 불가능성이 형이상학의 출발점이 되어야 한다고 본다. 레비나스에 따르면 서구 철학 전통에서 타자의 문제는 왜곡되어 있었다. 주체의 입장에서 타자가 파악되고 인식되어야 할 것으로 받아들여지는 한, 그것은 더 이상 타자의 문제가 아니다. 오히려 주체가 타자를 알지 못하며, 알 수 없다는 사실로부터 타자에 대한 사유는 시작되어야 한다. 동일성 철학이 내포한, 그리고 역사적으로 현실화한 전체성의 폭력에 대항하여, 레비나스가 제시하는 바는 절대적 타자의 무한성 앞에 주체의 무력함을 겸허하게 인정하는 것이다. 그것이 타자 윤리의 조건이다. 타자를 절대성으로 인정하고, 그 존재 그 자체를 받아들이는 것이 곧 타자의 윤리이다.

> 동일자에 대한 물음은—동일자의 자기중심적 자발성 안에서 발생할 수 없고—타자에 의해 야기된다. 타자의 현전에 의해 나의 자발성이 물어지는 이것을, 우리는 윤리라고 부른다. 타자의 낯섦, 그[타자]가 나, 내 생각 그리고 내 소유로 환원될 수 없다는 것이 바로 나의 자발성에 대한 물음의 제기, 즉 윤리로 성취된다. 형이상학, 초월, 동일자에 의한 타자의 환대welcoming, 나에 의한 타자의 환대는 구체적으로 타자에 의한 동일자의 물음으로서, 다시 말해 지식의 비판적 본질을 완수하는 윤리로서 만들어진다. 그리고 비판으로서 독단론을 앞서고, 형이상학으로 존재론을 앞선다. (Levinas, *Totality and Infinity*, p.43)

타자는 주체의 동일성을 의문시하는 바깥이다. 그것은 존재론의 전체성을 문제시하고, 그것을 초월할 가능성을 제기한다. 그것이 레비나스가 말하는 제1철학으로서의 윤리이다. 윤리는 타자가 주체에게 제기하는 가장 근본적인 요구이자 물음이다.

타자를 어떻게 말할까? 그러나 "타자를 친숙한 것으로 만들지 않고 그리하여 더 이상 타자가 아닌 것으로 만들지 않으면서도 타자의 본질적 낯섦을 유지하면서 타자를 논의하는 게 도대체 가능한 일인가?"(데이비스, 『엠마누엘 레비나스』, 65쪽). 레비나스의 주장에 따르면, 주체가 타자에 대해 말하기 시작하는 순간, 이미 타자의 타자성이 상실되는 것이 아닌가? 언어는 이미 말하는 주체에 의해 전유되어 있고, 주체가 타자를 표현하기 시작하는 순간 벌써 주체에 의한 타자의 표상이 작동하는 것은 아닌가?

모든 개념적 사유는 동일화를 불가피하게 함축한다. 모든 다른 것들에 동일한 개념을 부여하고, 늘 변화하는 것들에 고정된 이름을 부여함으로써, 사유가 가능해진다. 레비나스의 절대적 타자는 이런 동일화의 개념적 사유와 모든 이름을 거부하는 그 지점에 놓여 있는 것이 아닌가? 그렇다면 우리는 이 절대적 타자를 어떻게 부르고, 또 생각할 수 있을까?

이 불가능성으로부터, 레비나스의 타자의 은유가 시작된다. 레비나스 철학에서 타자는 '죽음, 시간, 신' 그리고 '여성' 은유로 표상되고 묘사된다. 레비나스가 타자를 '여성'으로 은유화하는 과정에 대해서, 그리고 그것이 레비나스의 타자 철학에서 갖는 의미에 대해서는 뒤에서 자세히 다룰 것이다.

3. 동일성 철학은 허구다: 니체의 형이상학 비판

"언어는 수사학이다": 니체의 언어　　니체의 사유는 그 표현과 분리되지 않는다. 니체에게 표현은 수단이 아니다. 니체의 아포리즘과 단편들은 단순한 스타일, 문체가 아니다. 니체는 그 글쓰기 방식만이 자신의 생각을 표현할 수 있는 길이라고 생각했다. 또한 니체는 자신의 사유를 형이상학적 개념으로부터 해방시키기 위해, 전략으로서 다양한 은유들을 사용했다. 니체의 문체와 은유는 전략이다(Kofman, *Nietzsche and Metaphor*). 니체가 은유적 표현들, 아포리즘과 단편들을 표현의 전략으로 선택한 이유는, 그가 기존의 형이상학적 언어가 진리에의 그릇된 믿음을 근거로 하고 있다고 보기 때문이다.

　니체는 언어가 진리를 담아낼 수 없다고 본다. 니체는 인식론의 통상적인 진리 대응 이론correspondence theory과 의미 지시 이론reference theory을 비판한다. 한 명제의 진위는 그 명제에 상응하는 사태의 존재 여부에 상응한다는 것이 진리 대응 이론이다. 즉 "지금 비가 온다"는 명제는 지금 비가 오는지 여부에 따라 참이거나 거짓이 된다는 것이다. 의미 지시 이론은 "지금 비가 온다"의 의미는 그 언어적 표현이 지시하는 대상(즉 지금 오는 비)에 의해 주어진다는 것이다. 이 두 가지 이론을 니체는 허구라고 본다.

언어는 사태에 대한 진리를 표현할 수도, 어떤 대상이나 의미를 지시할 수도 없다. 그 이유는 언어가 이미 사태의 다양성, 다름들, 끊임없는 과정들을 포착할 수 없기 때문이다. 언어는 서로 다른 것들을 동일화하며, 움직이며 변화하는 것을 고정한다. 니체에 따르면 "언어는 수사학"이다. "언어는 인식epistme이 아니라, 단지 억견doxa을 원하기 때문이다"(Nietzsche, *MuSA*, Bd.V, p.298).* 언어는 진리를 담지 못한다. 니체에 따르면, "사람들이 요청할 수 있는 언어의 비수사적 '자연스러움'이란 전혀 없다. 언어 자체는 순전히 수사적인 기술들의 결과물이다".

언어는 진정한 인식을 매개할 수 없다 언어가 진리 인식의 도구가 될 수 없는 이유는, 첫째, 언어 개념은 동일하지 않은 것을 동일화하기Gleichsetzen des Nicht-Gleichen 때문이다. 결국 서로 다른 것들을 같은 개념으로 포착함으로써, 그 다름을 감추고 유사성을 동일성으로 만들어 버린다.

모든 단어들은, 그것의 생성이 의존하고 있는, 일회적이고 전적으로 개별화된 원체험에 대해 어떠한 기억으로 작용할 수 없다. 오히려 수

---

* 이 명제는 니체의 1872/73년 겨울학기 바젤 대학교 수사학 강의 노트에서 발견된다. 니체 저작에서 MuSA는 1920~1929년 발간된 무사리온판 전집을, KSA는 1980년 이후 출간되기 시작한 학습용 고증판(Kritische Studienausgabe)을 의미한다.

없이 많은, 다소간 유사한, 즉 엄격하게 말해 결코 동일한 것이 아닌, 즉 완전히 비동일한 경우들에 상응해야만 한다. 각각의 개념은 동일하지 않은 것들의 동일화를 통해 생겨난다. …… 하나의 나뭇잎이 다른 어떤 나뭇잎과도 동일하지 않다는 사실이 확실한 것처럼, 나뭇잎이라는 개념이 개별적인 다양성들의 임의적인 제거를 통해, 그리고 차이들의 망각을 통해 형성된다는 사실은 확실하다. 나뭇잎이라고 하는 개념은 이제 마치 자연 안에서의 나뭇잎들 외부에 어떤 것이 있는 듯한, 그 '나뭇잎'이 있는 듯한, 그것을 통해 모든 나뭇잎들이 만들어지고, 표시되고, 정밀하게 재어지고, 채색되고, 주름지고 그려질 수 있는 하나의 원原형상이 있는 듯한 표상을 일깨운다. (*KSA*, Bd.1, pp.879~880)

둘째, 개념의 보편화는 인간 중심적인 것이기 때문에, 세계 그 자체, 사태 그 자체가 어떤지는 알 수 없다. 언어적 개념 형성은 인간 중심적인 형상의 부여이나.

모든 인식은, 처음부터 존재하는 것이 아닌, 아주 특정한 형상으로의 반영이다. 자연은 형태Gestalt, 크기Grösse를 모르지만, 인식하는 자에게 사물들은 크고 작은 것으로 나타난다. 자연 내의 무한성. 그것은 경계를 가지고 있지 않으며, 결단코 그러하다. 단지 우리에게만 유한성이 있을 뿐이다. (*KSA*, Bd.7, p.462)

셋째, 언어 개념들은 지속적인 과정이며 끊임없이 변화하는 세계를 그 자체로 파악할 수 없다. 개념은 이 과정, 변화를 고정하기 때문이다.

따라서 언어는 진리의 도구, 인식의 도구가 되지 못한다. 그럼에도 불구하고, 철학자들은 "언어의 그물에 갇혀 있다"(KSA, Bd.7, p.463). 철학자들은 그것이 세계와 사태 그 자체를 반영하지 못하는 인간 중심적인 동일화·고정화의 산물임에도 불구하고, 개념으로 어떤 사태를 포착하고 나면, 사태가 마치 그러한 것처럼 믿어 버린다. 수풀 속에 보물을 감추어 두고, 나중에 그 자리에서 그 보물을 발견하고는, 마치 처음 발견한 것마냥 놀라워하는 어리석은 사람처럼, 철학자들은 자신들이 만든 개념이 세계 자체인 것처럼 믿는다.

"진리는 환상이며, 거짓이다" 따라서 철학자들이 믿는 영원한 보편적 진리, 철학이 추구하는바 이 진리는 환상이며, 거짓이다.

그러면, 진리란 무엇인가? 움직이는 한 떼의 은유들, 환유들, 의인화, 간단히 말해 인간적인 관계들의 합이다. 이 인간적인 관계들은 시적이고 수사적으로 고양되고, 전용되고, 장식된 것이다. 그리고 이는 오랜 사용 이후에 한 민족에게 고정적으로, 규범적으로 그리고 구속력을 가지고 사유된 것이다. 진리는 환상이다. 사람들이 그것에 대해 그것이 무엇인지를 망각한 그러한 환상이다. 진리는 낡아 빠진 그리고 감각적인 힘을 상실한 은유들이다. 진리는 그것에 새겨진 그림이 닳아 버려서 더 이상 하나의 동전으로 여겨지지 않고 그저 금속 조각으로 여겨지는 그러한 동전들이다. (KSA, Bd.1, pp.880~881)

인간 지성의 '위장술'은 진리의 가상을 만들어 낸다. 유용성과 필요에 의해, 공동체 구성을 위해, 인간 지성은 규약으로서의 진리를 만들어 냈다. 그러나 차츰 이 기원은 잊혀지고, 진리는 그 자체로 가치를 지닌 추상적이고 절대적인 것으로 추구된다. 이 기원 망각과 전이의 과정을 니체는 '진리에의 의지' Wille zur Wahrheit로 이해했다.

인간이 보편적이고 절대적이라고 믿는 진리는 "인간의 관점에서 본 진리"에 불과하다. "곤충이나 새는 인간과는 달리 전혀 다른 세계를 지각한다는 사실, 두 세계 지각들 중에서 어떤 것이 올바른 것인가 하는 물음이 전혀 무의미하다는 사실을 인정하는 것만도 그[인간 지성]에게는 엄청난 노력을 필요로 한다. 왜냐하면 이 물음에 답하려면 이미 **올바른 지각**이라는 척도, 즉 본래 **있지도 않은** 척도를 가지고 재야 하기 때문이다"(KSA, Bd.1, p.884).

"있는 것은 오직 해석들뿐" 진리가 인간 중심의 환상이고 지성이 만들어 낸 가상이라면, 참이라고 이야기하는 명제가 결국은 다름을 감추어 동일화시키고 변화나 과정을 담아내지 못하면서 사태의 일부를 고정시키는 무능한 거짓말이라면, 철학은 "해석이다". 그리고 철학은 해석이어야 한다.

현상에 머물러서, '있는 것은 오직 사실뿐'이라고 주장하는 실증주의에 반대하며, 나는 말하리라. 아니, 바로 사실인 것은 없으며, 있는 것은 오직 해석뿐이라고. 우리는 어떠한 사실 '자체'도 확인할 수 없다. 아마도, 그러한 것을 욕구하는 것은 배리이리라. (니체, 『권력에의 의지』, 303쪽)

니체는 인식은 해석이며, 그것이 해석인 한, 가치와 이해의 지배를 받는 힘/권력Macht의 도구라고 주장한다. 그렇다고 니체가 해석을 어떤 특정한 개인 주관의 산물이라고 보는 것은 아니다. 니체는 그 자체로서의 세계의 실재를 부정하는 것처럼, 그 자체로서의 주관의 실재 또한 부정한다.

'모든 것은 주관적이다'라고 그대들은 말한다. 하지만 그것이 벌써 해석인 것이다. '주관'은, 전혀 주어진 것이 아니며, 무언가 날조되어 첨가된 것, 배후에로 삽입된 것이다. ─해석의 배후에 여전히 해석자를 세우는 일이, 결국은 필요할 것인가? 벌써 이것이 날조이며, 가설이다. (『권력에의 의지』, 303~304쪽)

주체는 동일성의 날조에 의해 만들어진, "여러 상태들이 유일의 기체의 결과이기라도 한 것처럼 간주하는 허구"이다. 마치 주체라는 기체로서의 어떤 동일성이 있는 양 생각하는 것은, 문법의 그물에 갇힌 사유의 결과물이다. 주어를 "실체로서, 모든 행동의 원인으로서,

행동하는 자로서 통용하도록" 해석된 것일 뿐이다.

니체에 따르면, 있는 것은 힘, 과정, 다양성, 차이 나는 활동들뿐이다. 그럼에도, 어떤 원인·기체·동일자로서의 주체가 있는 듯이 상정하는 '진리에의 의지'의 표현인 형이상학은 허구이다. 고정된 진리 주장, 동일자이자 행위/인식의 원인/주인이 되는 주체의 상정은 그릇된 신념에 근거한 허구이자 거짓말이다. 니체에게는 하나의 진리란 없다.

다종다양한 눈이 있다. 스핑크스도 역시 눈을 가지고 있다 ──. 따라서 다종다양한 '진리'가 있고, 따라서 어떠한 진리도 없다. (『권력에의 의지』, 331쪽)

4. 차이화가 동일화에 앞선다: 데리다의 해체

해체 차이의 철학자로서 데리다는 이미 구축되어 있는 선동적인 철학 체계의 바깥에서 동일성이 아닌 차이를, 동일자 주체가 아닌 타자를 자신의 철학적 동인으로 가져온다. 데리다의 철학은 언어와의 관계에서 해결하기 쉽지 않은 긴장을 유지한다. 철학적 사유는 언어와 개념의 사용을 피할 수 없다. 그러나 언어와 개념은 다양성과 차이를 동일화하는 경향을 갖는다. 데리다에 따르면 형이상학적 개념 구성은 이상화의 과정이다. 따라서 차이의 철학이 가능하기 위해서는 이 형이상학적 개념의 동일화를 피해야 한다.

데리다는 언어와 개념을 사용하면서도, 그것이 내포한 동일화의 경향에 거리를 두기 위해 독특한 글쓰기 방식을 제안한다. 데리다의 새로운 글쓰기 방식은 해체deconstruction이다. "철학을 '해체하는 것'은 철학 개념의 구조화된 계보학을 가능한 한 충실한 방식으로 그리고 그것의 아주 내부로부터 사유하는 것, 그러나 동시에 하나의 특정한, 그 자체로는 규정되지 않는, 명명될 수 없는 외부——그것은 이 [형이상학의] 역사가 감출 수 있었거나 금지할 수 있었던 것이다——로부터 확립되는 것에서 이루어질 것이다"(Derrida, *Positionen*, p.38).

데리다의 해체는 차이를 철학적으로 주제화하기 위한 전략이다. 그것은 읽기의 전략이자 동시에 글쓰기의 전략이다. 해체는 기존 철학서들을 꼼꼼히 읽으면서 그 저작들이 표명하는 큰 주장의 틈새에 그 큰 주장과 충돌하며 문제를 일으키는 차이들, 즉 '다른' 소리들을 내포하고 있음을 밝히면서, 그 틈새들로부터 그 체계를 균열 내는 작업이다. 데리다는 텍스트가 스스로 표명하는 체계적 통일성을 균열 낼 무의식적 다성성多聲性의 요소들을 꼼꼼히 밝혀낸다. 이러한 해체적 읽기를 통해 텍스트의 의미가 고정 불가능하다는 사실을 드러내, 형이상학적 개념의 동일화 경향을 뒤흔들고자 한다. 데리다는 그렇게 후설, 헤겔, 루소, 플라톤, 하이데거, 벤야민, 레비나스 등의 저작을 해체적으로 읽는다. 데리다에게 철학을 해체적으로 읽는다는 것은, 철학 개념의 계보학을 가능한 한 충실히, 아주 내부에서부터 사유하며 추적하는 것인 동시에, 명명되지도 확립되지도 규정되지도 않는 외부를 끌어들이는 것이다. 만들어진 철학 체계의 경계 안에서는 전제와 목적과 인과적 설명과 동일화 안에서 그 다성성의 틈새가 감추어지고 가려지기 때문이다.

차연　데리다는 전통적인 형이상학 개념들로부터 거리를 유지하면서 자신의 해체 전략의 사유를 드러내기 위해 수많은 표현들을 도입한다. 차연, 그라마gramma, (원-)흔적, (원-)문자, 보충/대리supplément 등의 표현들이 그것이다. 데리다에게 이 표현들은 단어도 아니고 개념도 아니다. 그것들은 고정되지 않는 짜여진 운동이자 짜나가는 운동들이기 때문이다. 이 표현들은 수수께끼처럼 보인다. 이 표현들은 어떤 것으로 쉽게 규정되지 않고, 규정되기를 피하기 때문이다. 이 수수께끼가 바로 데리다의 차이의 철학을 전형적으로 드러내는 전략이기도 하다.

'차연'différance은 그 표현들 중에서도 데리다가 애써 자신의 해체 전략의 의미를 해명하기 위해 스스로 보여 주고 설명하고자 한 표현이다. 차연différance은 차이différence와 동일한 발음을 가진, 그러나 하나의 다른 철자 a를 문자적으로 감추고 있는, 데리다가 만들어 낸 표현이다.

데리다는 「차연」이라는 글을 다음과 같이 시작한다. "나는 이제, 첫번째 철자인 철자 a에 대해 말하고자 한다. 그것은 여기저기에서 차이différence라는 단어를 쓰는 방식에 도입되어야만 한다"(Derrida, *Randgänge der Philosophie*, p.29). 데리다는 두 단어 사이의 들리지 않는 차이, 즉 철자 e와 a에 주목하면서, "널리 퍼져 있는 선입견과는 반대로 순수하고 엄밀한 음성문자는 없다"고 주장한다. 데리다에 의하면, 음성문자가 제대로 기능하기 위해서는 들리지 않고 표시되지 않는 것들——구두점이라든가, 글자와 글자 사이의 간격 등과 같은 비음성 기호가 필수적으로 전제되어야 한다. 차연이 내포하는 것은 이 전제이다. 두 단어 différence(차이)와 différance(차연)의 e와 a는 문자의 차이를 발음으로 드러내지 못한다. 그러나 문자적으로는 이 차이가 간직되고 있다. 데리다는 전통적으로 통용되어 온 이 음성문자에 대한 그릇된 신념을 가시화하기 위해 차연이라는 말을 도입한다. 이 표현은, 우리가 흔히 동일성에 근거하고 있다고 믿는 '의미'가 실은 끝없는 차이화를 통해 만들어진다는 사실을 보여 준다.

동일화에 앞선 차이화　　'차연'이 감추고 있는, 발음상으로는 차이를 발생시키지 않는 철자 a는 임의적인 것은 아니다. 데리다가 만들어 낸 이 단어는 동사 différer의 현재분사형 différant을 다시 명사화한 것이다. 동사 différer는 '구별짓다', '지연하다'를 의미한다. 즉 이 동사는 공간적으로 차이 지어지는 것과 더불어 시간적으로 미루어지는 것을 모두 함의한다. 데리다는 이 동사가 공간화와 시간화의 두 계기를 모두 담고 있다는 사실에 주목한다. 다시 말해 이 단어는 '동일하지 않음, 다름, 구별할 수 있음' 등의 의미를 갖는 한편, "서로 다른 요소들 사이의 능동적·역동적이며 끈기 있는 반복, 시간 간격, 거리"를 포함한다. 그런데 일반적으로 이 동사의 명사형으로 쓰이는 차이différence는 이 단어가 함축하는 기대temporize라는 시간 안에서 차이 내기의 측면을 가시화하지 못한다. 데리다는 차연이라는 조어의 사용을 통해, 이 감추어지고 삭제된 시간적 함의를 다시 끌어내려고 한다. 차연을 통해 '구성하고 생산하는' 차이를 보여 주려고 한다. 데리다에 따르면, 차연différance이 담고 있는 a는 "직접적으로 현재분사형 différant에서 유래하고, 아직 다름différent 또는 차이différence에서 구성된 효과를 생산하기 이전에, 우리에게 différer의 능동성을 설명해 준다"(*Randgänge der Philosophie*, p.34). 차연을 통해서 데리다는 차이 만들기/차이화의 두 측면, 시간적이고 공간적인 측면을 동시에 드러내고자 한다.

 데리다는 문자 기호에 대한 기존의 형이상학적 믿음을 해체하면서 차연의 시간적이고 공간적인 '차이 내기'의 선행성을 설명한다. 이제까지 일반적으로 문자는 이차적 기호, 즉 재현representation의 재현으로 여겨져 왔다. 문자는 음성의 재현물이고, 음성언어는 사고의 재현물이라는 것이다. 따라서 문자 기호는 사고의 현전presence이 사라진 부재의 자리에서, 그 사고를 추적하게 하는 멀리 떨어진 흔적이다. 그러나 데리다는 음성적 발화와 문자 기호 사이의 선후 관계를 뒤집는다. 음성적 발화는 이미 문자의 형식에 의존한다는 것이다. 문자의 체계가 음성의 체계를 변화시킨다. 한 언어에서의 시간의 흐름에 따른 발음의 변화는 문자 체계에 의해 규정된다. 문자 체계에 수용되지 않는 음성 발음은 그 언어 체계 안에 포함되지 못한다. 다시 말해 음성은 문자의 재현 체계를 전제한다. 그렇다면 재현의 재현으로 여겨지던 문자는 더 이상 우연적인 중복 또는 중복된 이차적인 것으로 정의될 수 없다. 일차적인 언어의 의미 관계, 즉 시니피에signifié와 시니피앙signifiant의 관계는 오로지 이 재현(문자) 체계가 만들어내는 차연의 운동과 놀이 안에서만 의미화를 생산한다.

흔적 주체 중심의 동일성 철학에서 의식의 확실성은 현전에 의해 확립된다. 지금 여기 내 머릿속에 떠오르는 의식이 가장 직접적이고, 가장 확실하다는 것이다. 그것은 다른 어떤 매개로 표현되고 밖으로 표출되기 이전에, 내 머릿속, 내 의식 속에서 들려오는 '소리'logos이다. 음성이 의식과의 관계에서 가장 일차적이고 직접적인 확실성을 획득할 수 있는 이유도 그것의 현전성에 있다. 바로 지금 내 의식에 들려오는 소리는 나에게 확실하다는 것이다.

그러나 데리다는 이 의식의 직접성이 동일성 철학이 전제하는 것처럼 직접적인 의식과 음성언어의 관계가 아니라, 이미 매개된 차이와 지연의 결과물이라고 주장한다. 언어 체계의 모든 요소들은, 현전이 아닌 다른 요소들의 연쇄 또는 다른 요소들의 흔적으로 구성된다. 음성은 이미 문자에 의해 규정되고, 문자는 이미 언어 체계에 의해 고정된다. 데리다는 음성은 이미 앞서 있었던 이러한 작용들에 의해 각인됨을 지적한다. 그리고 이 작용의 과정을 '흔적'trace이라는 용어로 설명하고자 한다(데리다, 『목소리와 현상』, 129~130쪽). '흔적'은 부재하는 현전이자 현전하는 부재이다. 그것은 없으면서 있고, 있으면서 없다. 데리다는 동일성에 근거한 확실성이 아닌 "전적으로 차이들과 흔적들의 흔적들만이 존재한다"라고 주장한다(Derrida, *Positionen*, p.67). 모든 차이는 문자적 흔적이고, 모든 흔적은 흔적의 흔적이다. 다시 말해, 하나의 기호는 표시된 사물의 기호가 아니라, 다른 많은 기호들의 연쇄이자 흔적이다. 현재에 입각한 기호와 사물 간의 직접적인 지시 관계는 있을 수 없다. 그 사이에는 자체 동일성을 방해하는 '시간'의 요소가 늘 개입하면서 현전을 부재로 밀어 넣고 단지 흔적으로서만 있기 때문이다.

데리다에게 차연은 근원적인 운동이다. 차이 만들기는 동일성을 저해하는 결여나 방해가 아니라, 동일성에 앞서 있는 동력이다. 따라서 데리다에게 주체는 확고한 토대나 기체가 아니다. 동일성이 그러한 것처럼, 주체 또한 차이 만들기 운동의 한 계기일 뿐이다. 하나의 텍스트가 하나의 의미에 고정될 수 없는 것처럼, 하나의 주체는 불안정한 타자성을 그 안에 포함하고 있다. 타자와 온전히 분리된, 전제적 주인으로서의 주체는 없다. 데리다의 해체는 이 동일성과 주체의 불안정성을 읽어 낸다.

[3장]
'여성', 타자의 은유

1. 타자의 은유

타자를 어떻게 그릴까? 동일성에 근거한 주체 철학은 이제까지 타자를 어떻게 그려 왔는가? 타자는 악, 결핍으로 표상되었다. 타자는 주체의 자기의식 구성 과정의 불가결한 요소이지만 주체 세계의 정체성 안에서 해소되는 계기였다. 또한 이러한 철학적 구도에 근거한 재현 체계 안에서 타자는 우리가 아닌 남, 그들, 외부인, 도래자로 그려지고, 주체에 의해 이해되지 못하는 일그러진 괴물, 기괴한 자로 보였다. 타자는 주체가 지정한 자리에 놓이고, 주체가 부여하는 속성을 가지고, 주체에게 드러난다.

    주체의 입장에서 타자를 전유하지 않고, 그 차이(내기)를 포착하려고 시도하는 차이의 철학자들의 난제 중 하나는 어떠한 언어로 타자를 말할 수 있는가에 있다. 니체가 지적하는 것처럼, 모든 철학적 개념화는 동일화 작용으로서의 함정을 갖는다. 개념은 서로 다른 것들을 유사성이라는 관점하에서 동일한 이름 아래 묶고, 모든 변화하는 것들을 고정된 모습으로 담는다. 언어는 언어를 사용하는 주체의 입장과 관점에 근거한 담화를 구성한다.

또한 레비나스가 간파한 것처럼 타자를 주체의 입장에서 이름 붙이기 시작하면 그것은 이미 주체의 영역에서 '파악되고 포착된' 타자에 불과하게 된다. 그것은 진정한 타자의 모습이 아니다. 타자의 타자성이 고스란히 지켜질 수 있는 유일한 가능성은, 주체에 의한 타자의 소환으로부터 타자가 자유로울 때이다. 절대적 타자성이라는 견지에서 보자면, 주체가 타자에게 어떤 이름을 붙이기 시작할 때, 이미 전유가 시작되고 있다고 볼 수 있다. 그렇다면 타자에 대해 전혀 말할 수 없는가? 타자를 부를 수 없는가? 우리는 타자에 대해 어떤 언어로 말하기 시작해야 하는가?

레비나스, 니체, 데리다는 타자의 언어화 불가능성을 수사적 표현과 장치로 풀어낸다. 타자에 대해 말하기 위해, 고정된 개념이 아닌 은유를 사용하여 타자의 모습을 그리게 한다. 레비나스는 시간이나 죽음과 같은 다른 은유들도 사용하지만 여성을 타자의 은유로 채택한다. 니체는 모순되고 비일관적이며 착종된 규정들을 부여함으로써 여성을 고정된 동일시를 회피하는 타자의 은유로 가져온다. 니체에게 진리, 삶, 지혜는 '여성'이다. 데리다는 니체의 여성 은유를 읽으면서, 차이 내기의 과정을 설명하기 위해 자신이 사용했던 다른 은유적 표현들인 흔적·차연·원문자·파마르콘 등과 더불어 여성을 해석 불가능성, 규정 불가능성을 담는 차이 내기의 은유로 수용한다.

왜 타자의 철학자들은 포착할 수 없는, 파악되지 않는 타자를 말하기 위해 '여성' '은유'를 사용하는가?

'은유'의 작용   아리스토텔레스는 『시학』에서 은유를 "어떤 사물에다 다른 사물에 속하는 이름을 넘겨주는 것ephipora"이라고 정의했다. 은유는 흔히 하나의 사물에 붙여지는 이름을 다른 사물에 '넘겨줌'으로써 그 사물을 다른 관점에서 기술하는 수사적 장치로 이해된다. 은유는 문장 그리고 텍스트의 차원에서 새로운 의미를 만들어 내고, 사물에 대한 새로운 관점을 제공하는 살아 있는 언어 활동이다.

"인간은 모두 섬이다"라는 은유 문장을 생각해 보자. 이 은유에서는 '인간'과 '섬'이라는 두 관념이 연결된다. 은유 문장에서 두 관념을 연결하는 계사 "~이다"는 늘 동시에 "~이 아니다"를 포함한다. 인간은 문자 그대로의 의미 차원에서 섬이 아니다. 따라서 문자 그대로의 의미 차원에서 보자면 "인간은 섬이다"는 거짓이다.

그러나 은유적 의미의 차원에서 인간은 섬이다. 우리는 그 이유를 분명하게 설명하거나 분석할 수는 없지만, 이 문장을 이해하며 이 문장이 제공하는 관점에 근거하여 세계관을 확장한다. 멀리 떨어져 있던 두 관념은 계사 "~이다"로 연결되면서, 세계 경험을 새롭게 서술할 수 있는 관점을 제공한다. "인간은 섬이다"라는 은유 문장은 인간의 고립된 존재성, 유아론적 현실을 새로운 관점에서 묘사한다. 이 은유가 발화되고 난 이후, 인간은 어떠한 의미에서 섬이다.

은유 문장이 제공하는 이 긍정과 부정의 동시적 공존이 은유를 은유로 살아 있게 한다. 은유는 이 긴장이 살아 있는 동안 은유로 작용한다. 하나의 은유가 만들어져, 새로운 관념의 결합이 긴장을 유지하는 동안 그 은유는 살아 있다. 그러나 살아 있는 은유의 사용이 반복되면서, 의미론적 긴장이 사라지면 그 은유는 '죽은 은유'가 된다. 죽은 은유도 은유이지만, 생생한 긴장이 유지되지 않는 낡은 은유이다. 낡은 은유의 반복 사용은 이 은유를 사전에 포함되는 '다의적 단어'로 만들 수 있다. 은유는 사용의 시간적 흐름과 반복에 의해 하나의 생애를 갖는다.* 은유는 두 관념 사이에 팽팽한 긴장을 유지하는 한에서 살아 있다.

은유가 생생하게 살아 있는 동안, 은유 문장 안에서 두 개념은 동일화를 통해 연결되면서 동시에 완전한 동일화를 거부하는 부정과 긴장을 유지한다. 이 긴장 안에서 은유 읽기는 그 은유가 지시하는 각 개념들을 고립된 발언으로 이해하지 않는다. 두 개념이 연결된 그 막연한 간극 안에서 세계를 다르게 보는 새로운 관점이 얻어진다.

---

* "시간과 물로 이루어진 강을 보며 / 시간은 또 하나의 강이라는 것을 기억하는 것 / 우리 또한 강처럼 흘러간다는 것과 / 얼굴도 물처럼 흐른다는 사실을 아는 것 // 깨어 있음은 꿈꾸지 않음을 꿈꾸는 / 또 하나의 꿈이라는 것을 느끼는 것 / 우리들의 몸이 두려워하는 죽음은, 꿈이라고 부르는, / 매일 밤 찾아오는 그 죽음임을 느끼는 것." 보르헤스의 시「시학」(Arte Poética)의 첫 부분이다. "시간은 강물이다"라는 은유는 이미 낡은, '죽은 은유'에 포함될 수 있다. "깨어 있음은 꿈이다"라는 은유도 낡아 간다. 이 은유적 관점은 장자의 '호접몽'(胡蝶夢)이나 데카르트의 방법적 회의를 통해 이미 익숙해졌다. 그러나 "꿈은 (밤마다 찾아오는) 죽음이다"라는 은유는 아직 살아 있다. 이 은유도 반복적인 사용과 상호 텍스트적 인유 등을 통해 낡아 가면서 죽은 은유가 되어 갈 수 있다. 은유적으로 말해서, 은유는 태어나고 살다가 늙고 죽어 가는 하나의 생애 주기를 갖는다.

'여성' 은유   은유 문장이 만들어 내는 긴장은 주어진 개념들이 단지 사전적 의미로 사용되는 데 머물지 않고, 하나의 해석적 관점을 가져오기 때문에 만들어지는 것이다. 즉 '인간'과 '섬'이 단지 사전적인 문자 그대로의 의미에서 사용되는 것이 아니라 각 관념의 해석적 의미의 그물망을 가져온다. '섬'이라는 개념이 포함하는 다양한 세계 경험과 언어적 관습, 이미 만들어진 다양한 은유들과 이야기들이 이 개념을 은유에서 사용할 때 함께 도입된다. 그리고 그것이 은유 이해의 전사前史를 구성한다. 그런 의미에서 타자를 여성으로 은유화할 때, 이 여성 은유도 해석적 긴장 안에서 이해되어야 한다. 여성을 타자의 은유로 채택할 때, 그것은 일련의 의미 그물망을 함축한다. 우리의 일상적 언어 사용의 체계에는 '여성/여성적임'에 대한 성별화된 관념이 작용한다. 전통적으로 '여성, 여성적인 것, 여성성'이라는 관념은 일정한 이해의 전사를 포함한다. 예를 들어, 서양 전통에서 '여성, 여성성, 여성적인 것'은 논리, 이성, 합리성에 대비되는 '비논리, 탈중심, 비일의성, 비동일성, 확정 불가능성'으로 생각되어 왔다(Weigel, *Die Stimme der Medusa*, p.197). 이러한 부정성을 통한 규정이 전승된 '여성'이라는 개념 의미의 그물망이다.

　타자의 철학자들도 이 의미망 안에서 이 은유를 사용한다. 그들이 타자를 고정하지 않으면서 가시화하고, 언어로 포착하지 않으면서 표현하고, 주체의 것으로 전유하지 않으면서도 드러내고자 할 때, 여성 은유를 사용하는 가장 큰 이유 중 하나는 바로 이 '부정성'에 있는 것으로 보인다. 그러나 이 부정성의 의미망을 작동시키는 가장 큰 전제는 '파악하는 자'가 '남성' 주체로 설정된다는 점이다. 그리고 이 전제는 동일성 중심의 주체 철학에서나 차이를 강조하는 타자의 철학에서나 공히 공통된 전제이다. 이 사실을 타자의 철학자들이 깊이 인식하지는 않고 있는 듯하다.

여성 은유의 기반은, 여성에 대한 상투적 이해의 반영이기도 하지만, 그보다 먼저 가장 일반적인 남성 중심적 체험의 표현이다. "저 다른 성이 무엇을 원하는지, 나는 알 수 없다." 이 전제가 전통적인 동일성 철학에서건 타자의 철학에서건 동일한 은유의 힘을 발휘한다.

이제부터는 타자의 철학자들이 언어화를 거부하는 절대적 타자성을 표현하기 위해 사용하는 여성 은유를 검토해 볼 것이다. 그 은유화의 힘과 더불어 한계도 점검해 볼 것이다. 타자에 대해 말하기 위해서가 아니라 타자 스스로가 표현하는 말을 듣기 위해서는, 그 성공이 아닌 실패로부터 출발해야 한다.

2. 레비나스의 경우

1) 절대적 타자성으로부터 시작되는 윤리학

"**타자는 여성이다**" '여성적인 것'le féminin이라는 철학적 은유는 레비나스 철학에서 중심적인 자리에 등장한다. 레비나스 철학에서 '여성적인 것'은 바로 이 절대적인 타자를 형상화하는 은유적 개념으로 등장한다. 레비나스에게 "타자는 여성, 여성적인 것이다".

시몬 드 보부아르Simone de Beauvoir는 레비나스의 "타자는 여성/여성적인 것"이라는 은유가 성별 규정에 대한 오랜 신화를 반복하고 있다고 지적했다. "여자란 무엇인가?"라는 질문에 대해 서양 문명이 오랫동안 되풀이해 온 대답, 즉 "여자는 우발적인 존재이다. 여자는 본질적인 것에 대하여 비본질적인 것이다. 남자는 '주체'이다. 남자는 '절대'이다. 그러나 여자는 '타자'이다"(보부아르, 『제2의 성』, 14쪽)를 변주하고 있을 따름이라는 것이다. 계속해서 보부아르는 이렇게 쓴다. "나는 여성도 자기에 대하여 역시 의식하고 있다는 것을 레비나스도 잊지 않고 있다고 상상한다. 그러나 그가 주체와 객체의 상호 관계를 표시하지 않고, 남자의 관점을 고의로 채택하고 있는 것은 주목할 만하다. 그가, 여자는 신비하다고 쓸 때 **여자는 남자에 대하여 신비하다**는 의미를 포함하고 있는 것이다. 따라서 객관적이고자 하는 이 기술도 사실상 남성적인 특권의 주장에 불과하다"(강조는 인용자). 레비나스의 타자로부터 출발하는 철학이 동일성 철학의 남성 중심적 전체성을 넘어서려고 하는 그 지점에서, "타자는 여성"이라는 은유가 자리해야 하는 이유는 뭘까? 이 은유는 레비나스의 타자 철학에서 어떤 위치를 차지하는가?[*]

많은 (남성) 철학자들은 이 은유에 그다지 주목하지 않았다. 중요한 지점에 등장하는 '여성 은유'를 외면할 수 없을 때, 이렇게 우회한다. "여성적 타자는 누구인가? 레비나스가 말하는 여자는 현실적으로 경험할 수 있는 '여자'일 필요가 없다. 대부분의 경우, 레비나스는 조금 중립적인 뜻으로 '여성적인 것'이란 말을 더 많이 사용한다. '다소곳한 타자'는 '향유', '거주', '신체성' 등과 같이 하나의 철학적 표현법일 뿐이다. '다소곳한 타자'는, 만일 여자의 입장에서 본다면 남자일 수 있다"(강영안, 『타인의 얼굴』, 139~140쪽. 강조는 인용자). 과연 그럴까? 레비나스의 '여성적인 것'은 성별 중립적인 것인가? 그 '여성적인 것'은 여성들의 존재적 현실과 완전히 무관하게 사유되어야 하는가? 레비나스의 여성은 현실의 성별과 무관한 단순한 기호인가? 추상화된 철학에서 특정한 관념을 구체화하기 위해 사용하는 철학적 은유들은 어떻게 기능하는가?

레비나스 철학에서 '여성적인 것', '여성'은 무엇을 말하기 위한 은유인가? 이 은유는 무엇을 형상화하는가? 철학적 은유는 추상적 사유를 구체적으로 형상화한다. 그 형상화를 위해 하나의 개념이 선택될 때, 그것은 단지 하나의 대상 언어가 아니라 그 대상 언어를 둘러싼 개념적 그물망을 함께 선택하는 것이다. 어떤 개념 그물망이 레비나스의 '여성 은유'를 에워싸고 있는가?

---

* "여성은 타자다"와 "타자는 여성이다"가 완전히 동등한 의미 내용을 갖는 것은 아니다. 보부아르의 명제 "여성은 타자다"는 여성의 사회적 지위, 남성 주체에 대한 관계라는 측면에서 여성이 타자화된다는 진술이다. 반면 레비나스의 "타자는 여성이다"는 타자성에 대한 은유다. 레비나스는 타자의 타자성이 묘사하거나 진술하기 어려운, 주체의 알 수 있음의 범위 밖이라 주장한다. 따라서 타자의 타자성은 우리가 알 수 있는 다른 개념에 빗대 은유적으로만 드러날 수 있다. 그리고 레비나스는 이 타자성을 드러내는 하나의 은유로 '여성'을 가져온다. 이 지점에서 보부아르는 레비나스의 이 은유, "타자는 여성이다"가 현실에 있어서 여성을 타자로 만드는 가부장제의 힘과 권력을 반영하고 강화한다고 비판한다.

2) 주체의 존재론적-형이상학적 모험

레비나스의 철학은 절대적 타자의 철학이지만, 그 감추어진 출발점은 '주체적 자아'이다. 제1철학으로서의 윤리학을 가능하게 하는 토대는, 절대적 타자를 향한 형이상학적 욕망의 '주체'이다. 레비나스의 철학은 '익명적 있음il y a'의 무규정적 세계에 이름을 부여함으로써 세계를 파악하고 소유하게 된 주체적 자아가 자신의 '할 수 있음'의 한계를 인식하고 그 한계 너머 절대적 타자의 무한성을 욕망하는 존재론적·형이상학적 모험의 여정을 그린다. 레비나스에게 존재론은 주체적 자아의 한계 안에, 즉 '내재성의 영역'에 매여 있는 동일성 철학을 의미한다. 반면 형이상학은 이 내재성의 한계를 넘어서 무한성을 열망하면서 동일성 철학을 극복하는 철학적 물음이다. 레비나스의 철학을 도식적으로 정리하면, 이 두 차원에서의 주체적 자아의 모험을 전제로 한다. 주체적 자아는 일차적으로는 내재성의 동일성 철학으로 자기를 확립하고, 외재성-무한을 향한 열망으로 이 동일성 철학의 한계를 넘어 타자에게로 나아간다.* 그리고 이 과정은 정태적

---

* 내재성은 하나의 체계 안에 머무는 것을 말한다. 반대로 초월은 그 체계 안에 머물지 않고, 그 체계를 넘어서는 것, 그 체계의 밖으로 나가는 것을 말한다. 내재성과 초월은 철학사 안에서 긴 역사를 지닌 개념이기도 하고, 다양한 층위에서 사용되어 온 개념이기도 하다. 단순화시켜서 말하자면, 내재성이 세계 실재성에 머무는 관점이라면, 초월은 이 세계(현세) '너머'의 관점, 신적이거나 절대적인 관점을 말한다. 철학적 무게를 빼고 차원의 간극을 무시한 채 예를 들어 보자면, 내재성은 하나의 게임 안에 머무는 것과 같다. 게임의 규칙과 역할을 받아들이는 게임 참여자는 그 게임을 밖에서 묻지 않는다. 게임 참여자

구조가 아니라 역동적 모험으로 그려진다.

레비나스의 타자의 윤리를 향한 주체적 자아의 모험은 두 단계를 거친다. 첫번째 단계의 모험은 '익명적 있음'의 무규정성에서 벗어나기 위한 주체의 자기 정립hypostase**의 '존재론적' 모험이다. 그 모험에 이은 두번째 단계의 모험은, 이렇게 확립된 주체가 자기 세계를 뛰어넘어 무한을 향해 나아가는 '형이상학적' 모험이다. 이 모험의 각 단계를 레비나스는 현상학적 기술을 통해 재구성했다.

<small>가 진지함으로 규칙과 역할을 받아들여 그 게임 안에 머물 때, 그 게임은 하나의 세계를 구성한다. 그러나 만일 그 게임을 밖에서 본다면? 게임에 참여하지 않는 자, 혹은 그 게임에 지루함을 느끼기 시작하여 진지함과 몰입을 상실한 게임 참여자의 관점에서 본다면, 그 게임은 하나의 약속된 체계일 뿐이다. 게임 내부의 진지함은 초월적 관점에 의해 상대화될 수 있다. 플라톤의 대화편에서 이방인은 흔히 아테네의 경험 세계에 초월적 관점을 가져오는, 물음을 던지는 자로 표상된다. 그는 내재성에 매여 있지 않기 때문이다.
레비나스가 말하는 내재성의 철학은, 대상 세계가 의식의 내부에서, 의식의 반영으로 구성되는 전체성의 철학을 말한다. 이 내재성의 철학에는 의식의 바깥이 없다. 이 개념은 현상학 전통에서 유래된다. 레비나스가 동일성 주체의 자기의식에서 출발하여 세계를 구성하는 존재론을 자아론(Egology)으로 규정할 때, 그 손가락은 주체이 자기의식이 확립한 하나의 체계를 의미한다. 그것은 자의식을 확립하는 토대이자, 자의식이 반영하고 구성하는 세계이며, 이 자기의식을 가진 주체의 가능성의 영역이다. 반면 레비나스가 말하는 형이상학은 이 주체적 자아의 자기중심적 체계의 바깥, 그것을 넘어선 초월을 꿈꾸는 것이다. 이 초월의 영역은 주체적 자의식이 알 수 있는 것, 할 수 있는 것의 바깥이기 때문에, 주체에 의해 소유되는 것이 아니라, 주체에게 늘 문제로 던져지는 것이다. 레비나스는 주체적 자아가 일차적으로는 내재성의 영역 안에서 자기를 정립하고, 그 이후 그 영역을 넘어서는 열망을 통해 형이상학적 초월로 나아가게 된다고 본다. 이것이 주체적 자아의 모험이다.
** hypostase는 고대 그리스어 hypostasis에서 유래한다. 이 단어의 라틴어 번역어는 substantia, 즉 실체이다. 그러나 실체가 "모든 변화하는 속성들과 과정들에도 불구하고 불변하는, 존재하는 것의 토대"라는 의미로 사용되는 서양 철학 개념사의 전통에서 보자면, 실체라는 번역어는 레비나스의 철학에서는 부적합하다. 강영안은 이 개념을 '홀로 서기'라고 번역한다. 여기서는 서동욱의 번역을 따라 '자기 정립'이라고 쓴다.</small>

① 존재론적 모험: 익명적 존재에서 주체로

존재자 없는 존재, 그저 '단순히 있음'   존재론적 모험을 재구성하기에 앞서, 레비나스는 '존재'가 무엇인지를 묻는다. 특히 초기 저작에서 레비나스는 하이데거Martin Heidegger의 『존재와 시간』 Sein und Zeit의 문제의식에 각인되어 있었다. 레비나스는 하이데거 철학이 궁극적으로 동일성 철학으로 귀착하고 있음을 비판하지만, 하이데거의 시간 개념은 레비나스의 절대적 타자 개념에 고스란히 남아 있다. 레비나스는 특히 자신의 사유를 하이데거의 "존재와 존재자 사이의 차이"에서 시작한다고 밝히고 있다. 하이데거는 서구의 형이상학 전통이 존재(있음)를 묻는 것이 아니라 늘 존재자(있는 것)만을 묻는 존재 망각의 역사였다고 비판한다. 레비나스는 하이데거의 비판과 문제의식으로부터 출발하여, 모든 존재자들과는 다른, 존재 그 자체를 묻는다. 그러나 레비나스는 하이데거가 존재와 존재자의 차이를 인식했지만, 이 둘을 분리하지 못했다고 비판한다. 하이데거에게 있어 존재는 언제나 '존재자의 존재' Sein des Seienden이며, 존재자 없는 존재를 상상할 수 없다는 것이다. 레비나스는 하이데거가 현존재Dasein를 특권화한다고 비판한다. 하이데거에게 현존재는 유일하게 존재자의 존재를 물을 수 있는 존재자이므로, 하이데거에게 현존재가 없이는 존재 물음이 발생하지 않을 것이기 때문이다. 하이데거 자신은 현존재를 인간학적이라기보다는 존재론적으로 해명하면서 특정한 존재 방식이라고 설명했지만, 현존재는 '인간' 이외의 그 어떤 것으로도 표상될 수 없다. 레비나스는 하이데거가 결국 인간이 전제된 존재론, 인간으로부터 출발하는 존재 물음을 상정한다고 본다. 하이데거에 반대하면서 레비나스는 인식 주체 이전에 "존재자 없는 존재"의 상태가 드러날 수 있다고 보고, 인식 주체 없는 존재(있음)를 상상한다.

존재는 늘 존재자의 존재로만 상정되어 왔다. 과연 우리는 존재자가 없는 존재를 상상할 수 있을까? 존재자가 없는 존재에 접근할 수 있을까? 레비나스는 이렇게 묻는다. "모든 사물, 존재, 사람들이 무無로 돌아갔다고 상상해 보자. 그러면 우리는 순수 무를 만나는가? 상상 가운데서 모든 사물을 파괴해 보자. 그러면 그 뒤에 무엇이 남는가?"(레비나스, 『시간과 타자』, 40쪽). 레비나스는 모든 존재자들이 파괴된 상태, 인식의 주체도 지향성의 대상도 사라진 상태가 순수 무는 아니라고 본다. 그 상태에는 이름과 인식 주체와 대상이 세워지지 않은 "단순히 있다il y a라는 사실"이 있다. 물론 이 상태는 현상학적으로 기술할 수 없는 익명적 상태이다. 그것은 익명적 있음이며 "존재하는 것들의 비인칭적인 '힘의 장'"이다. 이 익명적 있음은 무는 아니지만 무어라 말할 수 없는 막연한 있음, 벗어날 수 없는 익명적 존재, 아무것도 지배할 수 없는 부조리, 어찌할 수 없음, 탈출구 없는 존재이다(『시간과 타자』, 43~44쪽).

이러한 상태를 레비나스는 '불면'에 비유한다. 내용이 없는 현전에 매여 있는 상태, 피할 수 없는 존재의 익명적 소음에 노출되어 있는 상태, 쉼도 아니고 깨어 있음도 아닌, 경계 지어지지 않는 희뿌연 상태가 바로 익명적 있음이다. 레비나스에 따르면 이러한 존재의 상태는 악이다. "존재는, 유한하기 때문이 아니라 한계가 없기 때문에 악이다"(『시간과 타자』, 44~45쪽).

자기 정립   막연한 불면의 희뿌염한 상태에서 깨어나 의식을 찾는 것, 그것을 통해 이 익명적 있음의 위협에서 벗어나는 것, 이 막연하고 한계가 없는 힘의 장과 결별하여 "존재자가 그의 존재와 관련을 맺기 시작하는 상황"을 레비나스는 '자기 정립'hypostase이라고 한다.

자기 정립을 통해서 주체는 출현한다. 자기 정립을 통해서 주체는 존재를 인수한다. "익명적인 있음 속에서 자리를 잡음으로써 주체는 스스로를 확립한다"(레비나스, 『존재에서 존재자로』, 138쪽). 비인격적인, 무규정적인 존재의 한복판에서 이제 한계 지어진 이름이 출현한다. 철학사에서 'hypostase'는 "동사를 통해 표현된 행위가, 하나의 명사를 통해 지칭된 하나의 존재가 되는 사건을 의미해 왔다. 자기 정립, 명사의 출현은……익명적 있음의 중지, 사적인 영역의 출현, 이름의 출현을 의미한다"(139쪽). 주체는 자기 정립을 통해 자신을 다른 사물, 다른 사람과 구분하면서 세계 안에 자기 자리를 확보한다. 이제 어떠한 이름 붙여짐도 없는 상태, 안과 밖, 주체와 대상이 정립되지 않은 익명적 있음의 상태에서 벗어나는 주체의 여정이 시작된다.

향유   주체가 정립되는 모험, 그 여정의 출발에서 중요한 것은 바로 요소들elements의 세계에 저항하여 존재가 의식이 되어 가는 과정이다. 레비나스는 '요소'라는 개념을 형식이 없는 내용, 존재자가 없는 존재, 비인격적인 것이라는 뜻으로 사용한다. 그것은 삶을 구성하는 가장 기본적인 것들, 즉 바람·땅·바다·하늘·공기다. 다시 말해, 사람이 살아가는 삶의 환경 일반을 말한다(Levinas, *Totality and Infinity*, p.132).

세계를 채우는 먹거리·공기·빛·햇볕·잠·생각은 그 자체로 삶의 과정이자 삶의 내용이다. 삶을 채우는 이러한 내용들과의 관계를 레비나스는 향유jouissance라고 한다. 향유의 공간인 요소들의 세계는 삶의 환경이다. 레비나스가 말하는 향유는 삶의 구체적인 내용들을 누리고 즐기는 것을 의미한다. 주체에게 대립된 세계를 표상하고 반성하고 이론화하고 알기 이전에, 우리의 삶은 내용을 가지고 즐기고 누리는 삶이다. "이것을 레비나스는 '삶에 대한 사랑'amour de la vie 또는 '자기애'L'égoïsm de la vie라 표현한다. 삶은 본질적으로 삶에 대한 사랑이며 자기애이다"(강영안, 『타인의 얼굴』, 127쪽).

그리고 향유와 더불어 주체적 자아가 성장한다. 향유를 통해 주체는 개별성을 획득하기 시작한다. 향유를 통해 자아는 삶과 활동의 중심이 된다. 레비나스는 향유 이전에 있는 자아를 전제하지 않는다. 자아는 향유와 더불어, 향유를 통해 출현한다. 향유를 통해 출현한 자아는 내면성을 형성하게 되고, 자기 자신과 자신이 아닌 것을 구분하게 된다.

이렇게 형성된 자아가 자기 세계를 구성하는 과정이 노동이다.

자아가 잠겨 있는 환경인 요소들의 세계를 대상의 세계로 바꾸는 것이 바로 노동이다. 삶을 안전한 토대 위에 옮겨 놓기 위한 노동은 세계를 대상으로 만들며, 주체적 자아를 확고히 한다. 이 노동하는 세계에서 주체적 자아에게 안정성과 힘을 부여해 주는 것이 바로 가정이라는 거주dwelling 공간이다. 거주는 주체가 초월을 욕망할 수 있게 해주는 근거지이다. 가정은 주체적 자아가 내면성의 한계와 자신이 짊어진 존재의 무게를 초월하고자 열망할 수 있게 하는 안전한 근거지이다. 그리고 이 안전한 근거지인 가정을 지키는 것은 '친밀한 타인'인 여성이다.

② 형이상학적 모험: 주체로부터 타자로

초월을 향한 형이상학적 욕망　　레비나스는 『전체성과 무한』에서 내재성과 외재성의 영역으로 존재론과 형이상학을 구분한다. 존재론은 모든 존재하는 것들을 주체적 자아인 '나', 동일자의 범주와 도식으로 환원하는 것을 말한다. 존재론은 전체성totality의 이념 위에 있다. 여기서 세계는 주체에게 파악 가능한 전체이다. 레비나스에 따르면, 이 전체성의 이념 위에서 자기를 실현하고자 하는 주체는 자신의 '할 수 있음'의 한계에 직면하면서 그 '너머'를 욕망하게 된다. 주체의 가능성의 한계 밖을 향한 초월의 '형이상학적 욕망'이 무한성infinity을 향한 열린 모험의 동력이다.

　　이 모험은 동일성으로 되돌아오지 못하는 모험이다. 이제까지 동일성 철학 안에서 타자는 자기 고유의 지위를 갖지 못했다. 타자는 내재성의 철학 안에서 해소되어야 할 계기에 불과했다. 오뒷세우스의 모험은 이 내재성 철학의 구조를 보여 준다. 오뒷세우스가 오랜 항해 이후에 자신이 태어난 섬 이타카로 되돌아오는 것처럼, 의식은 온갖 모험을 거쳐 자기 자신에게로 되돌아온다. 레비나스는 결국은 자기 자신에게로 돌아오고야 마는 내재성 철학의 폐쇄적인 전체성에 반대하여, 형이상학은 "귀환 없는 떠남"이라고 강조한다. 레비나스는 이타카로 되돌아오는 오뒷세우스의 신화가 아니라, 미지의 땅을 찾아가기 위해 아버지의 땅을 떠나면서 다시는 자신도, 자신의 아들도 그곳으로 되돌아오지 않기를 맹세하는 아브라함의 이야기를 형이상학적 모험의 전형으로 가져온다(Levinas, *Die Spur des Anderen*, pp.125~126).

자아의 유아론적 고독, 타자의 얼굴과의 만남 이러한 무한한 외재성을 향한 형이상학적 모험은 주체적 자아의 유아론적 고독이라는 내적 동기, 그리고 타자의 얼굴과의 조우라는 외적 자극에 의해 촉발된다. 물질적 속박에서 벗어나, 거주를 근거로 노동을 통해 세계를 소유하는 주체적 자아는 이성을 통해 물질성의 속박에서 거리를 유지할 수 있게 된다. 그러나 이 이성적 주체도 자기 동일성의 테두리를 벗어날 수는 없다. "이성은 모든 것을 자신의 보편성 안에서 포괄하면서 그 자체로 고독 안에 머물러 있다. 유아론은 착오도 아니고 궤변도 아니다. 이성 자체가 유아론적 구조를 갖추고 있다"(『시간과 타자』, 68쪽). 의식의 지향성은 자아를 자아 이외의 것으로 향하게 하지만, 이 움직임이 주체적 자아가 갇혀 있는 인식론적 유아론의 구조를 깨뜨리지는 못한다.

이 유아론적 구조의 고독과 무게에서 벗어나 무한성을 향해 초월하고자 하는 욕망은 타자의 얼굴과 만남으로써 촉발된다. 타자의 얼굴은 밖에서부터 우리의 삶에 개입한다. 이 개입을 통해 우리의 유한성의 테두리는 깨뜨려진다. 낯선 이의 얼굴은 나의 영역으로 환원되지도 않고, 나의 체계로는 파악되지도 비교되지도 않는 무한성을 엿보게 한다. 타자의 얼굴과 만남으로써, 타자가 나의 유아론적 체계로는 파악할 수도, 넘볼 수도, 감히 소유를 꿈꿀 수도 없는 절대적 '다름'이라는 사실을 깨닫게 되는 것이다. 그 무한성의 이념은 타자의 얼굴로 현현epiphany한다. 그리고 이 타자의 얼굴은 주체적 자아에게는 계시와도 같다. 계시로 현현하는 타자의 얼굴은 무한성의 이념을 드러내는 상징이다. 무한성과의 관계는 앎이 아닌 열망으로 나타난다. 이 열망은 결코 채워질 수 없는 것이다.

타자의 얼굴이 던지는 계시와 명령이 바로 레비나스가 말하는 제1철학으로서의 윤리학의 내용이다. 주체적 자아는 절대적 타자 앞에서 무력하다. 그것은 절대적 타자를 자아의 세계로 포섭할 수 없기 때문이다. 그리고 그 타자의 절대적 타자성을 자신의 것으로 끌어오려고 하지 말아야 한다. 완전한 초월과 외재성, 내가 파악할 수 없는 무한성, 그 타자의 절대성을 보존하는 것, 그것이 타자 윤리의 명법이다.

따라서 레비나스의 절대적 타자는 결코 언어화될 수 없는 것이다. 언어화되는 순간, 타자는 무한한 외재성에서 내재적 전체성으로 떨어지게 될 것이다. 그럼에도 불구하고 우리가 그 타자의 타자성에 대해 말할 수 있으려면 어떻게 시작해야 할까? 우리는 이 타자를 어떻게 형상화할 수 있을까? 레비나스는 절대적 타자를 짐작하게 하고 무한성의 형이상학, 그리고 타자의 윤리를 구체화하기 위해, 몇 가지 비유적 표현을 선택한다. 시간, 죽음과 더불어 '여성적인 것'은 절대적 타자를 형상화하는 레비나스의 철학적 은유로 채택된다.

3) '여성적인 것'의 이중적 의미

레비나스 철학에서 '여성적인 것'은 두 지점에서 형이상학적 모험을 완성하는 핵심적인 은유로 등장한다. 이 두 지점에서 '여성적인 것'은 각기 다른 분석 맥락에 놓이며, 각기 다른 개념적 그물망과 연결된다. 형이상학적 모험에서 '여성적인 것'이 중요한 의미를 획득하는 첫번째 지점은 '내재성과 경제' interiority and economy이다. 내재성의 경제를 통해 확립된 주체적 자아는 무한성을 향한 형이상학적 욕망의 주체가 된다. 두번째 지점은 바로 이 욕망과 관련된다. 형이상학적 욕망의 대상, 그러나 소유를 허락하지 않는 절대적 타자와의 관계를 추적하는 '에로스의 현상학'에서 '여성적인 것'은 다시 등장한다.

① 여성: 거주 공간의 친밀한 타인

거주 공간   레비나스 철학의 구도 안에서, 요소들의 세계가 제공하는 향유에서 벗어나 세계를 대상의 세계로 만드는 노동을 통해 주체적 자아는 확립된다. 세계와 노동, 삶과 거주의 현실에 대한 현상학적 기술 과정에서 여성이 등장한다. 거주 공간인 가정은 인간 활동을 가능하게 하는 조건이자 시작이다. 자연을 대상 세계로 만들려고 할 때, 주체적 자아는 자기 거점을 필요로 한다. 그리고 그 거점이 바로 가정이다.

주체적 자아의 확고함, 안정성, 세계와의 분리, 자아 정립을 가능하게 하는 것은 바로 가정에서의 회복이다. 가정에서의 회복을 만들어 주는 것이 바로 '따듯하고 친밀한 타인'인 '여성'이다. "거주한다는 것은 단지 어깨 너머로 던진 돌멩이처럼 존재자가 존재 속에 던져져 있는 익명적 현실을 말하는 것이 아니다. 거주한다는 것은 자기 자신으로의 회복recollection, 곧 자신에게로의 돌아옴이며, 피난처와 같은 자신 속으로의 은둔이다. 여기에는 환대가 있고, 기대가 있고, 인간적인 영접이 있다"(Levinas, *Totality and Infinity*, p.156). 환대와 기대와 인간적인 영접이 있는 친밀성의 장소는, 레비나스에 따르면, 여성적인 얼굴의 부드러움을 통해 창조된다.

남성다운 주체   주체적 자아가 성립되기 위해서는 환대하고 영접하는 친밀한 타인인 '여성'이 필요하다. 주체는 남성다운 힘

virilité, virility을 소유한다. 레비나스는 『시간과 타자』에서 자기 정립hypostase을 설명할 때 여러 차례 주체의 'virilité', 즉 남성다운 힘, 남성의 성적 능력, 남성의 생식력에 대해 언급한다. '타자'란 바로 이 주체의 남자다운 힘이 미치지 못하는 영역이다(레비나스, 『시간과 타자』, 51, 78, 79, 83쪽).

주체적 자아가 남성다운 힘을 획득하는 것은 거주 공간에서 친밀한 타인, 말없이 부드럽게 수용하고 이해하는 타인인 '여성'의 존재를 통해서이다. 그런데 이 친밀성 안에서 주체를 영접하는 부드러운 타인은 높은 견지에서 현현하는 얼굴의 타자vous가 아니라, 허물없이 친근한 너tu이다(Totality and Infinity, p.155). 이 친밀한 타인은 나에게 명령하지 않는다. 그의 언어는 "가르치지 않는, 침묵의 언어, 말 없는 이해, 비밀스러운 표현"이다. 이 여성 타인은 주체가 맞닥뜨려야 하는 거친 현실 속에서 부드러움의 공간을 마련해 준다.

이 연약한 부드러움으로 자기 자신을 회복할 수 있게 해주는 거주 공간의 말 없는 타인인 여성의 존재에 힘입어 남성다운 힘을 소유하게 된 주체만이 '타자의 윤리학'의 주인이 될 수 있다. 그 주체에게만 타자의 절대성은 드러나며, 윤리적 의미를 갖게 된다. 거주 공간의 여성 타인의 존재는 윤리적 주체를 준비시키는 변증법적 단계로 불가결한 요인이 될 뿐이다.

친밀한 타인이라는 여성 표상　　거주 공간에서의 친밀한 타인을 형상화하는 '여성' 은유는 "말 없는 이해, 환대와 영접, 부드러움, 연약함, 집을 지키는 자, 거주를 돌보는 자, 수용적인 존재, 즉 아내이자 어머니"라는 개념망을 펼친다. '여성'은 거친 세상 풍파로부터 자아를 보호해 주고 지켜 주기 위해 늘 기다리며 돌보는, 그래서 자아가 확고하고 힘 있는 '남성적인 주체'가 될 수 있도록 조력하는 타인이다.

그 조력하는 타인은 얼굴도 없고 목소리도 없다. 레비나스의 '친밀한 타인'은 윤리적 주체도, 절대적 타자도 될 수 없는 존재로 위치지어져 있다. 레비나스의 '내재성의 경제'에서 '여성적인 것'은 전前윤리적 원리이다. 즉 윤리적 삶을 기초 지우지만, 윤리가 되기 이전의 단계에 머문다. 그것은 윤리적 단계에 도달할 수 없다. 친밀한 타인인 여성은 주체적 자아에게 윤리적 명령을 내리는 "얼굴로 현현하는 절대적 타자"가 아니다.

친밀한 여성 타인은 언어도, 얼굴도 가지고 있지 않다. "얼굴이란 사물의 표면, 혹은 동물적인 생김새·양상 혹은 외형일 수 있는 면상face에 불과하지 않다. …… 면상은 마주봄face à face 속에서만 얼굴이다"(데리다, 「폭력과 형이상학」, 160쪽). 따라서 얼굴로 현현하기 위해서는 언어의 상호 주관적 차원이 필요하다. 여자는 얼굴로 현현하여 나에게 윤리적 응답을 명령하는 심각한 타자가 아니다. 이 타인은 얼굴이 없는, 얼굴이 벗겨진 타자이다.

"침묵의 언어, 말 없는 이해, 비밀스러운 표현"의 친밀한 타인 여성은 언어로 들어가지 못한다. 언어로 들어가지 못하고, 얼굴을 지니지 못하는 여성은 결국 과정적 존재로 가정경제, 에로스, 모성을 맴도는 순환의 논리에 갇히게 된다. 이 논리 안에서 가정 내의 친밀한 타인인 여성은 윤리적 주체도, 절대적 타자도 아니다. 여성은 언어도 얼굴도 갖지 못한다. "여성의 얼굴은 괴물, 파악할 수 없는 끽끽거리는 소리, 막연한 익명적 존재의 달그락거리는 소리에 가깝다"(Brody, "Levinas's Maternal Method from "Time and the Other" through *Otherwise than Being*", p.64).

② 여성: 에로스와 도달 불가능한 타자

순수한 타자성과 여성적인 것　'여성' 은유를 남성적인 주체를 윤리적 주체로 만들어 가는 조력자인 친밀한 타인을 형상화하는 데 사용하는 한편, 레비나스는 순수한 타자성을 형상화하기 위해서도 '여성적인 것'이라는 은유를 사용한다. "타자성이 순수한 상태로 나타나는 그러한 상황이 존재하는가? …… 순전히 그리고 단순하게 포섭되지 않는 타자성은 어떤 것인가? 상반된 것에 대해 완벽하게 상반된 것, 그 상반성이 그 자신과 상관자의 관계를 통해서도 어떠한 영향도 받지 않는, 전적으로 다른 것으로 남아 있도록 허용하는 상반성, 그것은 여성적인 것le féminin이라고 나는 생각한다"(『시간과 타자』, 103쪽).

　거주 공간에서의 친밀한 타인인 여성이 레비나스 철학에서 주체 형성 과정에 대한 현상학적 기술의 대상이라면, 또 다른 지점에서 등장하는 '여성적인 것'은 순수한 타자성을 형상화하기 위한 비유이다. 주체적 자아가 '타자'를 열망하는 자리, 내재성을 벗어나 무한한 타자를 향해 열리는 자리, 즉 에로스eros의 자리에서 '여성적인 것'은 다시 등장한다.

감추어진 열망의 대상 레비나스에게 '여성적인 것'이 타자성의 은유로 채택될 수 있는 이유는, 그것이 인식 불가능성, '빛에서 벗어난 존재 방식'이라는 점에서 공통된 본질을 가지고 있기 때문이다. 여성적인 것은 알 수 없는 것이다. 여성적인 것은 감추어져 있다. "여성적인 것은, 존재 안에서, 빛을 향해 지향하는 공간적 초월이나 표현의 초월성과는 다른 사건이다. 그것은 빛 앞에서의 도피이다. 여성적인 것이 존재하는 방식은 스스로 자신을 감추는 것이고, 이렇게 스스로를 감춘다는 것이 바로 수줍음이다"(『시간과 타자』, 106쪽). 수줍음, 자기를 감춤, 신비, 빛으로부터 물러난 도피. 여성적인 것의 초월은 넘어서는 초월이 아니라 물러나는 초월이다. 절대적 타자성은 규정 불가능하다. 이 규정 불가능성의 의미는, 소극적 의미로는 '알 수 없음', '신비, 수줍음, 도피'와 같은 부정적 규정으로 이해할 수 있다. 그러나 적극적으로는 규정이 불가능하기 때문에 그 어떠한 상반된 표현도 허용하는 모순적 규정으로 환원될 수 있다. 따라서 순수한 타자성도, 그와 동위에 놓이는 여성도 모든 규정, 심지어는 모순된 규정도 허용한다. 예를 들어, 여성은 침묵이자 수다스러움으로, 순진무구함이자 교활함으로, 선량함이자 사악함으로 동시에 표상될 수 있다.

　레비나스는 절대적 타자의 은유로 '여성적인 것'을 채택하면서,

성차는 모순 관계가 아니라 하나의 형식적 구조라고 말했다. 성차는 상보적인 두 개념의 이원성이 아니라는 것이다. 상보적 개념이라면 선행하는 전체가 전제되어야 할 것이기 때문이다. 여성은 남성에 상대되는 개념이 아니라, '전적으로 다름'이라고 말한다.

에로스, 애무의 현상학   이 절대적 다름에 도달하고자 하는 욕망의 표현이 바로 사랑이다. 그러나 안타깝게도 사랑은 절대적 다름, 절대적 이원성을 넘어설 수 없다. 사랑은 절대적 다름에 침입할 수 없으며, 융합에 도달하지 못한다. "사랑이 감동스러운 것은 넘어설 수 없는 이원성이 존재자들 사이에 있기 때문이다. 이 이원성은 끝까지 지울 수 없는 관계이다"(『시간과 타자』, 104쪽). 이 지울 수 없는 이원성의 관계가 타자성을 보존한다. 에로스는 이렇게 융합될 수 없는 절대적 타자성과의 관계이다. 에로스의 관계 안에서 가능한 것은 모두 불가능해지고, 할 수 있음은 더 이상 할 수 없는 것이 된다. "사랑은 하나의 가능성이 아니며, 우리의 주도권에 의존하지 않는다." 그렇지만 그 사랑의 한가운데에서도 자아는 보존된다(109쪽).

레비나스에게서, '여성적인 것'의 타자성과 '남성적인 힘'을 소유한 주체적 자아의 성차는 단지 형식적인 구조인가? 레비나스는 자아의 타자를 향한 열망과 사랑의 표현, 융합에 이를 수 없는 절대적 타자와의 관계를 '애무'caress의 현상학을 통해 표현한다.

애무는 접촉이다. 그것은 주체의 대상을 향한 감각 활동으로서의 접촉이다. 그러나 애무는 대상에 침입하지 못한다. 애무는 타자의 소유 불가능성, 할 수 있음의 할 수 없음을 드러내는 체험이다. 주체의 애무에서, 애무를 받는 대상은 손에 닿지 않는다. 애무는 도달되지 않는 대상에 대한 안타까운 열망이다. 그 대상은 도달되지 않기 때문에 충족되지도 포기되지도 않는다. "이러한 애무의 추구는, 애무가 찾는 것이 무엇인지 모르고 있다는 사실을 그 본질로 구성한다. '모른다'는 것, 근본적으로 질서 잡혀 있지 않음, 이것이 애무에서 본질적인 것이다. 애무는 마치 도망가는 어떤 것과 하는 놀이, 어떤 목표나 계획이 전혀 없이 하는 놀이, 우리 것과 우리 자신이 될 수 있는 무엇과 하는 놀이가 아니라 다른 어떤 것, 언제나 다른 것, 언제나 접근할 수 없는 것, 언제나 미래에서 와야 할 것과 하는 놀이처럼 보인다"(『시간과 타자』, 109~110쪽).

이리가레Luce Irigaray는 레비나스의 애무의 현상학이 여성의 경험과 무관한, 남성적 관점에서 기술된 남성의 성적 경험이라고 비판한다. "레비나스가 추구하는 것은 타인의 육체flesh도, 그 자신의 육체도 아니다." 애무의 놀이에서 여성 타자의 유일한 기능은 철학자의 배고픔을 만족시키는 것, 그의 쾌락의 방향을 미래적 관계와의 약속으로 넘겨주는 것으로 그려져 있을 뿐이다(Irigaray, "Questions to Emmanuel Levinas", p.110).

생산성과 부자관계　　여성 타자와의 에로스에 목적이 없는 것이 아니다. 그것은 결국 '생산성'fecundity으로 귀결한다. 그리고 이 생산성은 윤리적 의미를 지닌 것으로 위치 지워진다. 레비나스는 자아와 타자 사이의 윤리적 관계의 모델로 부자관계paternity를 제시한다. 그는 부자관계가 '타자 안에 살아 있는 자아', '자아 안에 살아 있는 타자'를 보여 준다고 의미화한다. "어떻게 나는 너 안에 흡수되지 않고 나를 잃지 않으면서 너의 타자성 안에서 나로 남아 있을 수 있는가? 어떻게 자아는, 나의 현재 속에 있는 자아가 아니면서, 다시 말해 어쩔 수 없이 자신으로 돌아온 자아가 아니면서, 너 안에서 나로 남아 있을 수 있는가? 어떻게 자아는 자신에게 타자가 될 수 있는가? 아버지가 되는 길 외에는 다른 길이 없다"(『시간과 타자』, 112쪽. 강조는 인용자).

남성적인 주체적 자아는 여성의 몸을 통해 자신의 타자화된 미래를 생산한다. 이 과정에서 여성의 몸은 남성적 주체 자신의 시간성으로 변형된다. 결국 여성은 타자가 되지 못한다. 타자의 자리를 아들에게 내주어야 한다. 그렇다면 여기서 주체적 자아로 환원될 수 없는 절대적 타자였던 '다른 성'the other sex은 사라진다. 남성적 세대의 연대기 안에서 여성의 몸은 수단화된 매개체일 뿐이다.

이리가레는 여성적인 것을 아들로 대치한 레비나스의 생산성의 구도 안에서는 여성의 몸뿐 아니라, 아들도 절대적 타자성을 상실한다고 비판한다. 이 구도는 여성 타자를 인정하지 못한다. 여성적 타자는 생산이라는 기능 안에서 상실되기 때문이다. 한편 그것은 아들을 그 자신의 세대가 속하는 미래로 떠나보내지 못한다. 아들의 미래를 아버지의 현재로 끌어오기 때문이다. 따라서 아들의 타자성도 상실된다.

이리가레의 비판은 레비나스가 절대적 타자와의 관계를 애무로 비유할 때 이미 내포되어 있는 남성 중심적 쾌락의 구조를 겨냥한다. 레비나스의 애무에 대한 묘사에서 드러나는 여성 타자의 수동적 위치는 여성 경험의 주체성, 여성 욕망의 주체성을 도외시한 것이다. 레비나스의 묘사 안에서 여성은 사랑의 주체가 되지 못한다. 여성 타자는 단순한 욕망의 대상이며, 관계 상호성 안에서 대등한 자리를 갖지 못한다.

③ '여성' 은유의 개념망

두 개의 의미망: 가까움과 멂   레비나스의 철학에서 여성 은유는 그것이 어느 지점에 등장하는가에 따라 각기 다른 개념적 틀과 관계 맺는다. 거주 공간의 친밀한 타인 여성은 절대적 타자가 아닌 친근한 타인, 늘 함께하고 친숙하면서도 흐릿한 존재, 규정을 필요로 하지 않는 존재, 언어와 얼굴을 갖지 못한 존재, 상호 관계의 상대조차 되지 못하는 존재이다. 이에 반해 에로스의 대상이자 열망의 대상인 여성은 절대적 타자, 도달되지 않는 다름, 소유할 수 없는 신비로 형상화된다.

　　거주 공간의 친근한 타자로 형상화된 여성은 "말 없는 이해, 환대와 영접, 부드러움, 연약함, 가정을 지키고, 거주를 돌보는, 다소곳이 수용하는 타인, 아내, 어머니"라는 개념망과 연결된다. 거주를 통해 자기를 확립하고 대상 세계를 소유하는 주체적 자아는 '남성적인 힘'을 갖는다. 남성적 힘이란 "자기 힘으로 어떤 것을 소유하는" "존재의 주인"이 되고, "가능한 것의 주인", "가능성을 손에 거머쥘 수 있는 주인"이 되는, "주체의 영웅주의"이다(『시간과 타자』, 50, 79쪽). 여기에 결부된 '남성적인 것'을 구성하는 개념망은 앞서 언급된 '여성적인 것'을 둘러싼 개념망과 대비되는 주도성, 의지, 적극성, 소유, 힘, 영웅주의이다.

 남성적 힘을 가진 주체적 자아는 절대적 타자를 형이상학적으로 욕망하는 주체이다. 반면 이 주체의 에로스적 욕망의 대상이 되는 여성 타자는 수줍음, 자기를 감춤, 신비, 빛에서 물러난 도피이다. 절대적 타자성인 여성적인 것은 알 수 없는 것, 주체적 가능성의 한계, 그 가능성의 불가능성이다.

타자의 다른 은유: 시간, 죽음 레비나스는 '여성적인 것' 이외에도, 언어화의 한계를 넘어서는 절대적 타자성을 형상화하기 위해 다른 은유들을 채택한다. 『시간과 타자』에서 '죽음'과 '시간'은 '여성적인 것'과 나란히 절대적 타자를 형상화하는 은유로 등장한다.

 '죽음'은 그 소유 불가능성이라는 관점에서 절대적 타자를 형상화한다. 죽음은 주체적 자아의 가능 세계 바깥이다. "나의 지배, 나의 남성다운 힘과 나의 주체의 영웅주의는 죽음에 관해서는 힘일 수도, 영웅주의일 수도 없다"(『시간과 타자』, 80쪽). 주체의 지배와 영웅주의가 무력해지는 죽음의 "절대적 다름"은 나의 것으로 동화시킬 수 있는 "잠정적 규정으로서의 타자성이 아니라 그것의 존재 자체가 곧 타자성인 그런 의미의 타자성"이다(84쪽). 죽음 은유는 타자성의 완전한 외재성을 드러내며, 신비를 형상화한다.

절대적 타자성의 또 다른 은유는 '시간'이다. 시간 은유는 자기 정립이 '지금 여기'를 지배한다는 사실과 대조된다. 절대적 타자로서의 시간은 "어떠한 방식으로도 손아귀에 쥘 수 없는 미래", "미래의 초월성"을 통해 사유된다. 주체적 자아가 지배하는 현재 순간의 확실성과는 달리, 미래의 시간은 절대적으로 다르고, 절대적으로 새로운, 파악할 수 없음이기 때문에 절대적 타자의 은유가 된다. 시간은 주체의 확실성에 균열을 낸다. 시간의 흐름 안에서 주체적 자아의 영웅적 확고함은 훼손된다. 시간은 끊임없이 달라지게 만드는 힘이기 때문이다. 시간 안에서 고정되어 불변하는 것을 고집할 수 없다. 따라서 시간은 주체의 확고함을 다름을 향해 여는 힘이자, 주체에게는 절대적 타자성이다.

여성 은유의 고유성   절대적 타자성의 여성 은유는 시간 은유나 죽음 은유와 공통적인 의미 영역을 가짐과 동시에 서로 다른 의미 영역을 펼친다. 이 세 은유의 공통적 근거는 '알 수 없음, 알지 못함', '손에 거머쥐지 못함, 파악할 수 없음', '신비'라는 개념망이다. 그러나 다른 은유들과 달리 '여성적인 것'에는 '수줍음, 자기를 감춤, 도피'와 같은 수동성의 개념망이 함께 작동한다. 그리고 시간이나 죽음은 주체와의 관계에서 추상적 미래의 성격을 형상화하는 반면, 여성은 주체에게 이미 도래해 있다. 다시 말해 시간과 죽음은 아직 오지 않은 미지의 추상성으로서의 절대적 다름이지만, 여성은 이미 여기 존재하는 존재자, 공존하는 다름이다. 여성 은유의 개념망에서 수줍음, 다소곳함, 도피, 감춤은 이 공존하는 타자 존재의 경험적 속성들인 양 부여되어 있다.

4) 레비나스 여성 은유의 함정

애매성, 모호성　레비나스는 여성적인 것을 남성적인 것의 대립항이나 반대 개념으로 정의하지는 않는다. 왜냐하면 여성적인 것은 부정적 규정으로만 정의되어서는 안 되기 때문이다. 타자성이 동일성의 부정적 규정으로 정의될 경우, 그것은 이미 동일성의 내재성 논리를 벗어날 수 없다. 여성적인 것은 남성적인 것의 상관자가 아닌, 그것과는 전적으로 다른 고유의 본질을 갖는다. 그런데 그 본질이 바로 '타자성'alterity이다. 타자성은 규정 불가능하다. 규정 가능성의 불가능성이다. 레비나스의 여성은 규정 불능성이라는 모호성equivocation으로 정의된다. "여성적인 것의 적극적 본질은 타자성이다"라는 정의가 모호성의 근원이다. 그러나, 여성적인 것은 남성적인 것의 결여나 부정이 아니라 그 자체로 다름이다? 이것은 무슨 뜻인가? 타자성을 말하면서 그 상관자인 동일성을 전제하지 않을 수 있는가? 여성이 타자성이라면, 그것은 누구에 대하여 타자여야 하지 않은가? 그 상관적 동일자는 누구인가? 어떠한 모습으로 형상화되는가?

　레비나스가 이 문제를 해결하는 하나의 방안은, 퍼피시Diane Perpich가 제안한 것같이, '여성, 여성적인 것'을 경험론적 유형학에서 떼어내는 것이다. 여성, 여성적인 것은 경험론적 유형론이 아닌, 존재론의 범주 또는 존재의 유형으로 이해되어야 한다는 것이다. 즉 레비나스에게 있어서 '여성적인 것'은 어디서도 구체적인, 실제하는, 우연적으로 암컷의 성을 갖게 된 존재자의 속성과 동일시되지 않는 다는 것이다. "그것은 한 단위의 특질들 또는 특징들이 아니다. 그것은 방식mode도 아니다. 그 무엇보다도 여성적인 것은 애매성의 원칙이다. 단순히 이중성 혹은 복수성이 본질인 존재로의 진입이 아니라, 증식하는 애매성ambiguity의 구조이다"(Perpich, "From the Caress to the Word", p.47). 이 말은, 타자성을 본질로 하는 여성은 경험적인 여성 존재자들의 속성들이나 특질들의 단위가 아니라 애매성과 모호성의 '증식하는 구조'로 이해되어야 한다는 것이다.

여성(적인 것)은 없다?   퍼피시의 해석은 충분하지 못하다. 그것은 이중의 곤란함을 피할 수 없다. 우선 레비나스의 여성이 경험론적 대상으로 환원되어서는 안 된다는 주장에 동의한다 하더라도, 그녀 자신이 말하는 '존재론의 범주, 존재 유형'으로서의 여성이 무엇인지가 대답되어야 한다. 그 범주나 그 유형이 '여성/여성적인 것'으로 명명된 이유가 있어야 하지 않을까? 나아가 존재론의 범주 또는 존재 유형으로서의 여성이 "증식하는 애매성과 모호성의 구조" 안에 있다면, 이 주장의 귀결은 "여성적인 것은 없다"가 된다. 계속 증식하는 애매성과 모호성은 모든 특질을 가능하게 하고, 모든 모순적 규정을 허용할 것이다.

애매성과 모호성의 증식 구도 안에서도 레비나스는 여성 은유를 사용한다. 그것은 레비나스가 모호성으로 여성을 정의하는 그 자리에서, 그 모호성 자체가 여성 은유 채택의 이유가 됨을 보여 준다. 말 없는 이해, 환대, 영접, 수용으로 형상화되는 '여성'과 수줍음, 도피, 감춤, 물러남으로 형상화되는 '여성'은 모두 알 수 없는 자, 이해할 수 없는 자, 파악되지 않는 자, 따라서 신비한 자라는 여성 은유의 오랜 전통을 반영한다. 절대적 타자성의 신비와 불가지성을 여성으로 은유화하면서, 레비나스는 "여성은 수수께끼"라는 표상 전통에 기대고 있다.

여성 은유의 역설: 타자의 언어화 가능성   레비나스의 여성 은유가 경험적 존재인 여성을 말하는 것은 아니라는 주장을 받아들인다고 하자. 그렇다면 이 은유에서 사용된 '여성' 개념은 실재하는 여성 존재자의 현실, 경험, 역사를 반영하지 않는다. 그러나 레비나스의 '여성'은 남성 중심적 관점에서 만들어진, 그리고 지루하게 반복되어 온 여성 표상의 복합체임이 사실이다. 레비나스의 여성이 자연적 존재인 '다른 성'이 아니라 해도, 그 '다른 성'을 전제해야 레비나스의 여성 은유는 가능하다. 레비나스의 여성 은유는 남성 지배의 상징 질서가 여성들에게 부과한 속성의 목록을 담고 있으며, 이 항목들은 여전히 대상 세계에 대한 일정한 설명 구조 안에 머물러 있다. 그렇다면 레비나스의 여성 은유는 내재성의 전체화 체계 안에 머물러 있는 셈이다. 과연 여성 은유는 레비나스의 철학의 전체적인 구도 안에서,

특히 제1철학인 윤리학적 요청에 맞추어 절대적 타자와의 관계를 형상화하는 데 성공할 수 있을까?

여성 은유의 함정은 레비나스가 타자의 무한성을 형상화하기 위해 여성 은유를 사용하는 순간, 그 무한성이 다시금 전체성의 한계 안으로 견인된다는 점에 있다. 이러한 사정은 레비나스 철학의 전반적인 구조 안에서 고스란히 드러난다.

레비나스의 여성 은유들은 서로 충돌한다. 거주 공간의 친밀한 타인과 절대적 타자성은 다르다. 그러나 친밀한 타인이 여성인 만큼, 절대적 타자성도 여성이다. 이 모두가 여성일 수 있는 유일한 근거는, 주체적 자아가 남성다운 힘이기 때문이다. 거주 공간 내의 타인은 내가 아니고 나의 상대편도 아닌, 조력자인 '다른 성', 여성이다. 반면 내가 그것의 주인이 될 수 없는, 내 경험적 유추를 통해서는 결코 파악할 수 없는 절대적 다름도 '다른 성', 여성이다. 주체적 자아의 입장에서, 서로 다른 자리매김의 조건에 놓인 여성이 형상화된다. 그렇다면 절대적 타자성의 여성 은유는 그 출발에서부터 규정의 상대성과 자리매김의 상대성에 의존하게 된다. 그것은 절대적 타자의 무한성에 위배된다.

"타자는 오직 그 타자성이 절대적으로 비환원적일 경우에만, 다시 말해 무한히 비환원적인 경우에만 타자이다"(데리다, 「폭력과 형이상학」, 169쪽). 우리의 언어는 이 비환원성에 미치지 못한다. 그것이 부정적 규정이 아닌 고유한 특질을 지닌 무한한 타자라면 더욱이 그러하다. 따라서 "만약 사람들이 레비나스처럼 적극적 무한자는 무한한 타자성을 허용하고 요구조차 한다고 생각하면 결국 모든 언어를 포기해야 하고, 먼저 무한자라는 단어를, 그리고 타자라는 단어를 포기해야만 한다"(「폭력과 형이상학」, 184쪽). 그러나 레비나스는 은유를 통해 언어의 무능력을 극복하고자 했다. 그것이 성공적이었는지, 다시 물어야 한다. 레비나스가 절대 타자를 성별 차이에 근거한 은유로 표현하고자 할 때, 레비나스의 타자성은 다시금 일정한 틀에 의해 재단된 전체화의 폭력에 노출되기 때문이다.

타자 윤리에서의 함정 여성 은유의 또 다른 함정은 레비나스의 타자 윤리에 있다. 레비나스에게 여성은 "타자의 얼굴"이 아니다. 거주 공간의 타인으로서 여성은 언어도 얼굴도 없는 존재이다. 여기서 여성은 존중받아야 할 타자가 아니라, 익명적 존재에 가깝다. 레비나스에게 "여성적인 것은 그녀의 인간적 자유와 인간적 정체성 안에서 존중되는 타자를 의미하지 않는다. 여성적인 타자는 그녀 자신의 고유한 얼굴 없이 남겨진다. 이 지점에서 그의 철학은 근본적으로 윤리학에 미치지 못한다"(Irigaray, "Questions to Emmanuel Levinas", p.113). 레비나스의 '친밀한 타인'인 여성은 전前윤리학의 단계에 머물러 있다.

데리다는 레비나스의 타자의 윤리학을 근거로 '환대의 윤리'를 숙고하는 자리에서, 앞서 언급한 '친밀한 타인'으로 형상화되는 여성 은유에 포함되어 있는 폭력적인 전제를 다룬다. 환대의 윤리는 타자의 윤리에서 출발한다. 그것은 주인으로 있는 주체 중심의 관점에서 출발하는 것이 아니라, 타자의 방문으로부터 시작한다는 점에서 그러하다. 주체의 조건과 상황, 가능성의 영역에서 타자를 맞이하는 것이 아니라, 절대적으로 낯선 타자의 도래를 있는 그대로 수용해야 한다는 것이 '환대의 윤리'이다. 그런데, 이 절대적 타자에 대한 '환대의 윤리' 안에서 여성 은유는 그 윤리의 내적 근거를 균열 낸다.

데리다가 드는 예는 구약성서 「창세기」 19장에 담겨 있는 이야기이다. 이 장면은 소돔의 멸망 즈음에 롯의 집에서 일어난 일이다. 날이 저물 무렵 두 천사가 소돔에 다다른다. 롯이 그들을 영접하고자 간청한다. "내 주여, 돌이켜 종의 집으로 들어와 발을 씻고 주무시고 일찍이 일어나 갈 길을 가소서"(「창세기」, 19장 2절). 거절하는 그들에게 다시 간청하여 롯은 그들을 자기 집의 손님으로 맞아 환대한다. 그런데 그들이 잠들기 전에 소돔 남자들이 몰려와서 "이 저녁 네게 온 사람이 어디 있느냐 이끌어 내라 우리가 그들을 상관[성관계]하리라"(5절)라고 협박한다. 롯은 이들을 막아서며 자기 집의 손님들, 환대받아야 하는 이 타인들을 대신하여, 자신의 "남자를 가까이 아니한 두 딸"을 내주겠다고 말한다(7~8절). 내 지붕 아래 들어선 (남자) 손님을 보호하고 환대하기 위해, 내 집안의 (여자인, 딸이거나 아내인) 타인을 내놓는 환대를 우리는 어떻게 이해해야 할까?*

누가 환대의 주인이고, 누가 환대받을 타자인가? 이 이야기를 데리다는 『환대에 대하여』*De l'hospitalité*에서 환대의 윤리에 대한 '참조'로 인용한다. 데리다도 이 장면의 의미를 끝까지 추적하지는 않았다.

그러나 이 이야기는 환대의 윤리를 말할 때 '여성'의 위치에 대해 다시 생각하게 하는 예들임에 틀림없다. 이 예는 환대의 윤리가 이제까지 동일한 지위에 있는 자들, 즉 주체들, 가부장인 남성 주체들 사이의 관계, 즉 남성 중심적 모델이었음을 보여 준다. 데리다는 "환대의 법들을 만드는 것은 가정의 폭군·아버지·남편, 그리고 어른인 집주인"이었음을 지적한다. 그들이 환대의 법을 표상했다는 것이다(데리다, 『환대에 대하여』, 150쪽). 환대할 수 있는 가부장적 주체와 주거 공간의 친밀한 조력자 타인의 관계가 이렇게 폭력적일 때, 낯선 도래자 이방인에게 베풀어지는 환대의 윤리는 과연 무엇인가?**

여성 은유와 타자 형이상학의 실패 레비나스의 절대적 타자가 여성으로 은유화될 때, 여성은 주체적 자아의 주도성과 영웅주의를 소유할 수 없다. 레비나스의 여성이 여성이면서 여성이 아닌 것처럼, 우리도 여성이면서 여성이 아니다. 그러나 여성인 실존은 레비나스가 부여한 주체의 '남성적 힘'을 소유할 수 있을지 회의하게 된다. 여

---

* 이 비슷한 사건 이야기는 「사사기」에도 있다. 한 노인이 자기 집에 이방인을 손님으로 맞아 환대한다. "그 성읍의 비류들이 그 집을 에워싸고 문을 두들기며 집주인 노인에게 말하여 가로되 네 집에 들어온 사람들 끌어내라. 우리가 그를 상관하리라"(「사사기」, 19장 22절). 집주인은 자기의 손님을 지키기 위해 자기 딸과 손님의 첩을 대신 내주겠다고 제안한다. 결국 남자가 자신의 첩을 "내놓는다". "그들이 행음하여 밤새도록 욕을 보이다가 새벽 미명에 놓은지라. 동틀 때까지 그 주인의 우거한 그 사람의 집 문에 이르러 엎드려져 밝기까지 거기서 누었더라"(25~26절). 그녀는 그렇게 그 집의 문지방 위에 손을 올려놓고 죽은 채로 발견된다.
** 김애령의 「이방인의 언어와 환대의 윤리」는 이 물음을 다룬다.

성인 주체적 자아는 자기 자신에 대하여, 주체이면서 '동시에' 타자일 수밖에 없다.

레비나스의 타자의 윤리학은 주체적 자아의 유아론으로부터 출발한다. 유아론적 세계에 갇힌 주체적 자아가 그 모든 모험의 시작점이다. 유아론적 세계 안에서 주체적 자아는 자의적으로 세계를 거머쥘 수 있는, 또한 세계를 나의 세계로 만들 수 있는 능력의 한계를 알게 된다. 미래의 시간이나 죽음에 직면하여 주체적 자아의 능력은 '할 수 없음'을 예감한다. 그리고 이 한계의 인식이 곧 초월을 향한 형이상학적 욕망으로 연결된다. 초월은 주체적 자아의 유아론적 세계로부터의 초월이다. 이 유아론적 세계의 밖을 향한 욕망은 그래서 외재성, 절대적 다름에 대한 욕망이다.

레비나스의 윤리학의 출발은 이 형이상학의 구조 안에서, 외재성을 주체적 자아의 영역으로 다시 가두지 않는 것, 그리고 '절대적 다름'을 받아들이고 주체적 자아의 무능력과 불가능성을 인정하는 태도이다. 윤리학의 토대는 주체의 세계 밖에 있는 타자의 타자성에 대해 무릎 꿇는 것, 타자의 타자성을 감히 예단할 수 있다고 여기지 않는 것, 그 타자의 존재를 명령으로 받아들이는 것이다. 따라서 레비나스의 타자의 윤리학에서 주체적 자아와 타자의 타자성은 구조적 단위이다. 레비나스의 형이상학에서 타자는 타자로, 주체적 자아는 주체적 자아로서 본질적이다. 그러므로 타자는 '여성적인' 수동성과 물러남과 도피와 감춤으로, 주체적 자아는 가능성과 능동성을 지닌 영웅적 주인으로 규정되면서, 이러한 규정이 일관되게 유지된다.

여성 은유는 레비나스의 윤리학과 형이상학을 균열 낸다. 레비나스에게는 절대적 타자에 관한 절대적으로 명료한 개념은 불가능하다. 레비나스의 체계에서 절대적 타자는 언어화를 거부하는 것이어야만 한다. 언어화될 수 있는 타자는 이미 타자가 아니다. 그것은 주체적 자아의 전체성에 포섭되기 때문이다. 레비나스의 절대적 타자는 사유될 수도 없다. 사유의 대상이 되는 순간, 타자의 '절대성'은 훼손될 것이다. 이 딜레마의 한복판에서 레비나스는 여성 은유를 도입한다. 그리고 이 은유는 다시금 성별화된 상징 질서 안으로 떨어졌다. 레비나스에게 '여성'은 모호하다. 여성은 윤리적 주체도, 명령하고 계시하는 진지한 타자의 얼굴도 될 수 없다. 그렇다면 '여성'은 무엇인가? 레비나스가 '여성'을 자신의 형이상학적 모험 전반에서 상식적 규정성과 절대적 무규정성 사이를 떠돌게 남겨 둘 수밖에 없다면, 타자 윤리학이 유지하고자 하는 엄밀성은 이미 깨진다.

레비나스의 여성 은유가 열어 줄 수 있는 사유의 가능성은, 오히려 레비나스의 이 실패에서 시작되어야 한다. 타자의 윤리학이 흔들리는 지점에서, 여성은 주체이자 타자인 은유적 자기 자리에서 타자성으로 분리된 무한성의 범주가 아닌 교차하고 흔들리는 계기적 과정으로 경험하게 될 것이다. 주체로서 여성은 스스로에게서 타자성을 경험한다. 레비나스의 여성 은유가 무규정적 모호성으로 남겨 둔 '여성'은 주체 안에서 스스로 타자가 되고, 절대적 다름과 지속적으로 조우하는 존재 경험을 통해 내재성의 전체성을 해체한다.

3. 니체의 경우

1) 여성 철학자의 니체 읽기

니체의 여성들 니체의 텍스트들에는 다양한 여성들이 등장한다. 여성을 언급하는 니체의 텍스트들은 하나의 통일된 모습을 만들지 않는다. 그 조각들 각각은 강한 인상을 담고 있지만 그 조각들을 모두 모아 하나의 온전한 모습을 만들어 내기 어렵다. 여성에 대한 니체의 언급들은 모순된 주장을 담고 있다. 이 비일관적이고 착종적이며 이질적인 여성상들은 그 텍스트를 읽는 독자들에게 난감한 사유의 과제를 남겨 준다. 우리는 니체의 여성을 어떻게 이해해야 할까?

니체의 텍스트들이 여성에 대한 언급들을 많이 품고 있음에도 불구하고, 1970년대 프랑스에서 이 주제에 대한 해석이 대두되기까지, 니체의 해석자들에게 이 주제는 크게 다루어지지 않았다. 여성에 대한 니체의 언급을 아예 꺼내지 않거나, "철학적으로 큰 의의가 없는" 주제로 취급했다(Singer, "Nietzschean Mythologies", p.174). 1970년대 프랑스 여성주의 철학자들의 개입, 그리고 뒤에서 다루게 될 데리다 등의 적극적인 해석 작업이 있기까지 지속되던 이 어색한 침묵과 토론의 부재는 니체 수용 역사에서 무엇을 의미할까? 니체의 텍스트에서, 극심한 여성 혐오와 여성성에 대한 찬양의 공존이 보여 주는 애매성이 이 주제에 대한 정면 대결을 회피할 하나의 이유가 되었을 것이다. 니체의 여성이라는 주제는 니체 텍스트가 함축해 온 분석 불가능성 또는 해석 불가능성의 징표로 읽혀 왔다. 그리고 니체 철학에서 '여성'이 무의미한 기표나 건너뛰어도 좋을 주제적 틈새라고 여겨졌던 이유 중 하나는, '여성'을 철학적 주제로 다루는 일 자체가 남성 철학자들의 철학함의 테두리 안에 들어오지 않는 타자화된 주제이기 때문이었을 것이다.

여성 독자의 니체 읽기　　그러나 여성 철학자들은 남성 철학자와는 달리, 니체의 여성이라는 주제를 건너뛰기 어렵다. 니체 텍스트에 등장하는 '여성'에 대한 언급은 여성(주의) 철학자들에게 늘 불편하면서도 피할 수 없는 과제를 남겨 준다. 침묵이나 회피조차도 남성 철학자의 그것과 같지는 않다. 니체는 여성에 대해, 이렇게 혹은 또 저렇게 말함으로써 무엇을 주장하고자 하는가? 거칠고 직설적인 니체의 표현이 주는 거북함을 그의 철학이 주는 가능성과 어떻게 교환할 것인가?

　　여성 독자가 니체를 적극적으로 읽고 활용하고자 하는 시도는 니체 당대부터 있었다. 예를 들어 니체의 친구이기도 했던 루 안드레아스 살로메Lou Andreas-Salomé는 자신의 글 「여성 인간」Das Mensch als Weib에서 니체를 그렇게 읽었다. 그녀는 니체가 "자신의 시대에 지배적인 가치인 남성의 위계적 특권화에 대면하기 위해 여성성을 특별한 합리성과 절연하는 긍정적인 비유로, 삶을 위한 선택적인 형식의 상징으로 형식화"했다고 적고 있다(김정현, 「니체와 페미니즘」, 82쪽). 니체를 여성성을 적극적으로 긍정한 철학자로 인정하고 그의 철학이 여성 해방에 쓰일 훌륭한 무기를 제공한다고 본 것이다.

이러한 적극적이고 긍정적인 해석은 현대 여성주의 철학에도 이어진다. 여성주의 철학자들 중 일부는 니체가 자신들의 문제의식을 선취하고 있었음을 발견한다. 여성주의 진영에서의 서양 철학사 비판은 니체와 핵심적인 문제의식을 공유한다.

> 많은 여성주의 철학자들은 철학이 전통적으로 객관성과 진리라는 이름으로 특정한 가치들을 다른 가치들보다 우위에 두는 남성들에 의해 써졌다는 사실에 주목했다. 전통적으로 철학자들은 육체보다 정신에, 자연보다 문화에, 비합리성보다 이성에, 환상보다 진리에, 그리고 악보다 선에 가치를 부여했다. 여성, 여성성 그리고 모성은 육체, 자연, 비합리성, 환상 그리고 심지어는 악과 연관 지어졌다. 많은 여성주의자들은 철학에서 지지되는 객관성을 문제 삼으면서 여성을 비합리성과 악과 연결하는 전통적인 연관성에 도전한다. …… 니체는 그 자신의 글에서 객관성과 진리에 대해 이와 유사한 비판을 한다. 그는 모든 진리는 관점적이며, 모든 진리는 특정한 관점으로부터 유래한다고 주장한다. (Oliver and Pearsall, "Introduction: Why Feminists Read Nietzsche", pp.2~3)

여성주의 철학은, 니체가 형이상학적 주체를 하나의 허구이자 구성이라고 비판한 것과 마찬가지로, 기존의 서양 철학에서의 주체가 기실 '서구의 남성' 주체를 감추면서 보편 주체를 가장하는 허구라는 사실을 간과한다. 니체가 서구의 동일성 철학이 움직임과 변화를 파악하지 못하고 다양한 차이들을 동일화한다고 비판한 것처럼, 여성주의 철학은 차이에 주목하는 철학을 통해 남성 중심적 주체 철학에서 벗어나고자 한다. 여성주의 철학은 니체와 더불어 이분법적 사유를 극복하고, 육체, 자연 등을 적극적이고 능동적으로 재평가하기를 바란다. 그러한 근거에서, 니체를 적극적으로 수용함으로써 니체주의적 여성주의 철학을 열어 가고 싶어 한다. 그러나 이러한 열망은 넘어서야 할 문제를 안고 있다.

니체는 여성 혐오자인가? 여성주의 철학과 니체 철학 사이의 행복한 동근원성과 친근성은 니체 텍스트가 담고 있는 여성과 여성주의자들에 대한 언급들을 마주하는 순간, 흔들리고 의심스러워진다. '여성 혐오자 니체'를 보여 주는 악명 높은 아포리즘들이 있다. 이런 예들은 니체의 텍스트 전편에서 쉽게 발견된다. 『선악의 저편』의 '여성을 위한 일곱 가지 잠언' 중 "검은 옷을 입고 침묵을 지킬 때 어떤 여성도 영리하게 보인다"라든지, "말은 짧게, 의미는 길게—이것은 암탕나귀가 주의해야 할 미끄러운 빙판길이다!"와 같은 언급은, 니체를 '여성 혐오자'로 인정하기에 부족함이 없는 증거로 보인다. 『차라투스트라는 이렇게 말했다』에 실려 있는, 반복적으로 인용되어 온 아포리즘의 한 구절인 "여자들에게 가려는가? 그러면 회초리를 잊지 말라!"나 "여자에게 있어서 모든 것은 하나의 해결책을 갖고 있으니, 임신이 바로 그것이다"와 같은 언급들은 또 어떠한가? 이러한 언급들은 전통 형이상학의 이분법적 사유, 주체 중심의 동일성 철학을 비판하면서 "모든 가치의 가치 전환"을 시도하는 니체로부터 사유의 무기를 발견하고자 했던 여성 철학자들에게 당혹감마저 안겨 준다.

특히 당대 여성의 권리에 대한 주장이나 여성해방운동, 또 그것을 주장했던 여성운동가들에 대한 니체의 언급은 불편함을 야기한다. 여성의 자립 욕구를 니체는 여성다움, 진정한 여성성의 포기이자 타락으로 묘사한다.

> 우리 남성들은 여성이 계몽에 의해 스스로 웃음거리가 되는 일이 계속되지 않기를 바란다. 교회가 '여성은 교회 안에서 침묵해야만 한다!'고 선언했을 때, 이는 남성이 여성을 배려하고 아끼는 마음이었다. 나폴레옹이 너무 말이 많은 드 스탈 부인에게 "여성은 정치에 대해서는 침묵해야만 한다!"고 시사했을 때, 이는 여성의 이익을 위해 일어난 일이었다. ─그리고 오늘날 "여성은 여성에 대해 침묵해야만 한다!"고 여성에게 소리치는 사람이야말로 진정 여성의 친구라고 나는 생각한다. (니체, 『선악의 저편』, 224쪽)

이에 이은 단편들에서 니체는 반여성주의anti-feminism를 자신의 생각의 핵심적인 것으로 표방하는 듯이 보인다. "여성의 평등한 권리와 교육, 평등한 요구와 의무를 꿈꾼다는 것은 어리석은 사람임을 나타내는 전형적인 표시이다"라는 언급이나, 여성이 경제적·법적 독립성을 얻으려고 노력하면서 권리의 주인이 되고 여성의 진보를 표방하게 되면 "여성이 퇴보해 간다"라고 한 주장은, 이러한 평가에 충분한 근거를 제공하는 듯하다.

니체는 여성/여성성의 옹호자인가? 이런 단편들을 보면, 니체가 당대 여성해방운동에 대한 깊은 혐오감을 가지고 있었던 것으로 보인다. 이러한 혐오감의 직접적인 표출에 대해서, 니체를 옹호하는 철학자들은 이 언급들이 '여성 혐오'의 표현이 아니라 19세기 여성해방운동이 견지하던 관점에 대한 반감을 표현하는 것이라고 변호한다. 그들은 니체가 19세기 여성해방운동을 "남자와 같이 되고자 하는" 여자들의 움직임으로 보았고, 동일자 주체가 되고자 하는 이 지향적 목표 자체에 대해 비판한 것이라고 주장한다. 즉 여성주의/여성주의자들에 대한 니체의 언급은 이 여성의 '남성화'에 대한 비판적 반감의 표현이지, 그 자체가 여성 내지는 여성성에 대한 혐오를 의미하는 것은 아니라는 것이다.

　이러한 적극적인 해석은 여성주의 철학 진영에서도 제출된다. 니체를 옹호하는 오늘날의 여성주의자들은 19세기 당대 여성해방운동에 대한 니체의 비판을 다르게 생각해 볼 여지가 있다고 주장한다. 19세기 여성운동이 법적으로 동등한 권리를 획득하고자 노력하면서, 법이나 사회적 가치가 지닌 남성적 권력에 대해서는 충분히 성찰하지 못했다는 것이다. 따라서 니체가 경고하고자 했던 것은 이러한 남성적 기준에 따르고자 하고, 남성적 가치 자체를 문제 삼지 않는 여성운동의 방향이었다는 것이다. "기준 자체가 남성적인 것인데 그 기준 앞에서 평등을 내세우는 것은 스스로 그 기준을 인정하고 그 안에 포섭되는 일일 수도 있다. 그렇게 보면 19세기 페미니스트들은 남성처럼 되고 싶었던 것이다. 하지만 남성처럼 되는 것이야말로 독립된 '여성성'을 부인하는 일, 즉 '거세된 여성'이 되는 일인 것이다"(고병권, 『니체의 위험한 책, 차라투스트라는 이렇게 말했다』, 196쪽).

또한 니체의 여성을 적극적·긍정적으로 해석하는 입장에서는, 그의 여성에 대한 표현이나 언급, 선언을 넘어 그가 제공하는 풍부한 관점과 방법을 수용하고자 한다. 즉 내용이 아니라 관점과 방법과 문체를 기존의 가치 질서의 틀을 해체하는 힘으로 받아들인다. "그 '문체'에, 몸 철학에, 철학적 담론의 은유성의 노출에, 서양 사상과 이성의 '남근주의적' 기초를 해체하는 것으로 보이는 예시적 방법에" 니체 철학의 적극적이고 긍정적인 영향이 있다는 것이다(Ansell-Pearson, *An Introduction to Nietzsche as Political Thinker*, p.180).

현재 여성주의가 니체를 받아들일 때, 그리고 니체가 당대의 여성주의자들에게 행한 비판조차 긍정적으로 수용할 때, 그것은 니체가 근대철학의 문제, 즉 이성 중심주의 및 남근 중심주의를 해체하고자 했다고 해석하는 것이다. 나아가 니체가 주체와 객체, 이성과 감성, 정신과 육체의 위계를 해체할 무기를 제공하고 있다고 보고, 그 무기를 가지고 남성적인 것과 여성적인 것의 이분법을 해체하고 그 위계를 전복하고자 한다. 이때 니체의 디오니소스·대지·자연·몸·생명·진리·지혜·언어·건강성 등의 개념이 유용하고도 적극적인 길을 제시해 준다고 본다. 이러한 해석 관점에 따르면, 여성주의와 니체는 서양의 남근 중심주의적 형이상학의 해체라는 길 위에서 행복하게 공존한다.

그러나 과연 니체와 여성주의의 행복한 공존은 아무런 위기와 긴장 없이 가능한 것일까? 니체의 텍스트가 드러내는 여성/여성주의자에 대한 것을 '모든 가치의 전복'을 위한 망치, 자극적인 문체와 수사로 쉽게 넘겨 버려도 좋은가? 니체는 동일성의 형이상학을 비판하면서, 타자성과 차이를 열어 주는 은유, 동일성이 없다는 것을 보여 주는 은유로 '여성'을 가져온다. 니체의 여성 은유는 하나가 아니라 다수이며, 애매함과 모호함을 포함하고 있다. 니체의 여성 은유를 남근 중심주의적 형이상학의 해체라는 관점으로 매끈하게 읽을 수 있을까? 니체를 이렇게 적극적으로 읽고 니체의 모순적인 여성에 대한 규정들을 이해하고 포용하는 일이 아무런 비판 없이 가능한 일일까? 우리는 이 모순되고 불편한 설득을 어떻게 감수할 수 있을까?

2) 니체에게 여성이란 무엇인가?

> 누가 알겠는가? 아마도 나는 영원한 여성적인 것das Ewig-Weibliche을 밝히는 최초의 심리학자일지도. (KSA, Bd.6, p.305)

① 진리는 여성이다

"진리가 여성이라면"　　니체의 『선악의 저편』 서문은 다음과 같은 물음으로 시작한다. "진리가 여성이라고 가정한다면, 어떠한가?"

진리가 여성이라고 가정한다면, 어떠한가? 모든 철학자가 독단주의자였을 경우, 그들이 여성을 제대로 이해하지 못했다는 혐의는 근거 있는 것은 아닐까? 지금까지 그들이 진리에 접근할 때 가졌던 소름 끼칠 정도의 진지함과 서툴고 주제넘은 자신감이 바로 여성의 마음을 사로잡기에는 졸렬하고 부적당했다는 혐의는 근거 있는 것이 아닐까? 여성들의 호감을 사지 못했던 것은 당연하다. (니체, 『선악의 저편』, 9쪽)

    니체는 비유를 통해 말한다. 니체의 문체와 수사는 풍부한 비유와 이야기들로 가득 차 있다. 아포리즘과 단편들을 통해 니체는 자신의 사유를 표현한다. 니체가 전달하고자 하는 철학적 사유는 개념을 허용치 않기 때문이다. 니체에게 진리는 그 자체로 묘사되거나 포착될 수 있는 것이 아니다. 진리는 그 자체로서의 자기 모습을 보여 줄 수 없는 것이다. 그렇기 때문에 진리를 말하기 위해서는 은유적 표현만이 허락된다. 니체에게 있어 은유는 불가피한 전략이다. 니체는 형이상학적 개념들로부터 자신의 사유를 해방시키기 위해 다양한 은유들을 전략적으로 사용한다.
    니체에게 "진리는 여성이다". 이 은유의 토대는 진리나 여성 모두 쉽게 소유를 허락하지 않는다는 사실에 있다. 여자의 마음을 사로잡기를 원하는 남자나 진리에 도달하고자 하는 독단주의 철학자는 모두 서툴기 그지없다. 어떻게 다가가야 할지, 어떻게 도달할 수 있을지, 어떻게 마음을 얻을 수 있을지 모르면서, 우쭐한 자신감으로 그 대상을 소유할 수 있으리라고 믿고 있다. "남성은 마치 독단론적 철학자가 진리를 소유할 수 있다고 믿는 것처럼 여전히 진리를 믿고 자신이 여성을 소유할 수 있다고 믿는다"(슈리프트, 『니체와 해석의 문제』, 182쪽). 역으로 독단론적 철학자들은 서툴게 남성성을 과시하는 남자들이 여자에 대해 그렇게 생각하는 것처럼, 자신이 진리를 소유할 수 있으리라고, 언젠가 진리가 자신에게 굴복하리라고 믿는다.

그러나 니체에 따르면 여성/진리는 소유를 허락지 않는다. 진리란 없기 때문이다. 니체에게 진리는 환상이며, 거짓이다. 인간이 그것 없이는 살 수 없는 환상이다. 그러나 그것이 환상인 이상, 그것을 포착하고 거머쥐고자 하는 독단주의 철학자들의 철없는 욕심은 좌절될 수밖에 없다. 동일자로서의 진리를 추구하는 독단론적 철학은 끊임없이 변화하고, 각기 서로 다르며, 주체 중심적 개념화를 거부하는 대상 그 자체를 알 수 없다. 남자가 자기가 '아닌', '다른' 성인 여자를 알 수 없는 것처럼, 독단론적 철학은 그 자체의 진리를 알 수 없다. 진리는 타자이다. 그것은 변화하고 포착되지 않는 운동이며 다름이다.

거리의 힘 남자/철학자가 여자/진리를 손에 잡을 수 있고 소유할 수 있다는 믿음을 가지고 추구하도록 여자/진리는 멀리서 유혹한다. 유혹하기 위해서는 잡히지 않을 만큼의 '거리'가 필요하다. 없는 진리, 환상이자 거짓인 진리는 닿을 수 없는 거리에서 유혹한다. 이 멀리서의 유혹이라는 공통점이 또한 "진리는 여성이다"라는 은유를 가능하게 하는 의미망이다. "철학자의 말을 빌리면 여자의 마력과 가장 강력한 작용은 **원격 작용**인 것이다. 하지만 여기에는 무엇보다 우선 필요한 것이 있다 —— **거리**라는 것이!"(니체, 『즐거운 학문』, 131쪽).

니체의 은유 안에서, 여성/진리는 멀리서 작용한다. 가까이 접근하는 욕망, 그리고 그것을 소유하고자 하는 의지를 좌절시키는 거리 만들기가 바로 여성/진리의 작용이다. 여기서 여성/진리는 신비한 지위를, 자기를 감추면서 아름답게 표현하고 유혹하는 효과를 갖는다. 결코 소유를 허락하지 않을 것임에도 불구하고, 마치 소유할 수 있을 것 같은 환상을 유지하는 것이 여성/진리의 전략이다.

남성/독단론적 철학자/진리 추구자는 이러한 여성/진리에 현혹되며 그것을 자기 방식대로 표상한다. "철학자들은 진리를 추구하는 것이 아니라, 인간들 안에서 세계의 변신Metamorphose을 추구한다. 그는 세계의 이해에 따라 자의식과 씨름한다. 그는 동화 작용에 따라 씨름한다. 그는 인간의 형상대로 무엇인가를 준비해 두면 만족한다"(*KSA*, Bd.7, p.494). 그가 소유할 수 있다고 믿는 것은, 결국 그가 표상한 바의 것일 뿐이다. 무정형한 세계에 자기의 형상을 부여하고, 그것을 세계라고 믿는 순환적 망각이 이 진리 표상을 움직이는 힘이다.

② 삶은 여성이다

"여성인 삶" 스스로 거리를 유지하면서 멀리서 작용하며 소유를 허락지 않는 여성/진리는 니체 철학에서 다시금 삶과 연결된다. 니체에게 "삶은 여성이다"Vita femina.

여성적 삶. ── …… 내가 말하고자 하는 것은 이 세계에는 아름다운 것들이 넘쳐나고 있지만 그럼에도 불구하고 이것들이 모습을 드러내는 아름다운 순간은 너무 적다는 것이다. 하지만 이것이야말로 삶의 가장 강력한 마법일지도 모른다: 삶은 가능성이라는 황금실로 짜인 베일로 덮여 있다. 약속하고, 반감을 품고, 수줍어하고, 냉소하고, 동정하고, 유혹하는. 그렇다, 삶은 여성이다! (『즐거운 학문』, 312~313쪽)

니체에게 있어 베일에 싸인 삶, 그것은 여성이다. 삶/여성은 드러나지 않게 가려져 있다. 차라투스트라의 「춤에 부친 노래」에서, 삶을 들여다보며 그 깊이를 헤아릴 수 없다고 한탄하는 차라투스트라를 삶은 야유하며 비웃는다.

"물고기들은 하나같이 그렇게 말하지." 너는 말했다. "그들이 헤아리지 못하는 것, 바로 그것이 **그들에게는** 헤아릴 수 없는 것이지. 그러나 나는 변덕스럽고 사나울 뿐이다. 그리고 어디를 보나 한 여인, 유덕하지도 못한 여인일 뿐이다. 너희 사내들로부터 '속 깊은 자', '신실한 자', '영원한 자', '은밀한 자'라 불리고는 있지만 말이다. 너희 사내들은 언제나 너희들 자신이 추구하고 있는 덕을 우리에게 부여하고 있지. 아, 도덕군자들이여!" (니체, 『차라투스트라는 이렇게 말했다』, 182쪽)

삶을 헤아리지 못하는 것은 그것을 들여다보는 '그들'일 뿐, 삶은 그저 변화무쌍하고 다면적일 뿐이다. 단지 이 다면성과 변화를 포착하지 못하는 인식의 주체들이 자신의 덕목, 자신이 소유하지 못했으나 추구하고자 하는 덕목을 이 대상에게 부여하는 것이다. 이러한 변화무쌍함, 다면성, 자신의 깊이 없음을 가리는 베일, 이러한 속성들이 삶/여성의 속성이다. 삶/여성은 자신의 본 모습을 감추고 가상적 외양으로 꾸미며 믿을 수 없이 변덕스럽다. 여기서 "삶은 여성" 은유를 가능하게 하는 속성들은 바로 이것들이다.

지혜 "유덕하지 못한 여인"인 삶은 사납고 변덕스럽고 헤아릴 수 없고 믿을 수 없다. 그러나 차라투스트라에게 이 삶은 놀랍도록 지혜와 닮아 있는 것으로 나타난다. 마치 두 여인 사이에 서 있는 남성처럼, 차라투스트라는 삶과 지혜 사이에 서 있는 것으로 묘사된다. 차라투스트라는 이렇게 말한다. "우리 셋 사이의 관계는 이렇다. 나 진심으로 생명[삶]만을 사랑한다. 진실로 어느 때보다도 그것이 미울 때 그것을 사랑한다! 나 지혜에 대하여 다정하게, 때때로 너무나도 다정하게 대하고 있는데 그것은 그가 생명[삶]을 곧잘 일깨워 주기 때문이다!"(『차라투스트라는 이렇게 말했다』, 183쪽).

삶과 지혜는 놀랍도록 닮아 있다. 지혜 또한 "변덕이 심한 데다 고집까지 세다. 나는 그가 입술을 깨무는 것을, 그리고 머리카락을 반대 방향으로 빗고 있는 것을 자주 보았다. 어쩌면 지혜는 사악하고 거짓스러울 것이다. 그리고 어디를 보나 여인일 것이다. 그러나 지혜는 자신에 대해 좋지 않게 이야기할 때가 가장 매혹적이다"(『차라투스트라는 이렇게 말했다』, 183~184쪽). 차라투스트라의 지혜는 여자이다. 그것은 믿을 수 없고 사악한 애증의 대상이지만, 또한 매혹이다. 그리고 바로 그러한 면에서 삶/여성과 닮았다. 또 다른 아포리즘 「읽기와 쓰기에 대하여」에서 차라투스트라는 지혜를 '전사를 사랑하는 여인'으로 묘사한다. "지혜, 그것은 우리들이 용감하고, 의연하고, 냉소적이며 난폭하기를 요구한다. 지혜는 여인이고, 그리하여 늘 전사만을 사랑한다"(『차라투스트라는 이렇게 말했다』, 65쪽).

진리와 삶과 지혜 진리가 여성이라면, 그것은 니체 철학의 은유 안에서 지혜, 삶과 삼위일체를 이룬다. "그러나 이것은 영원히 빛나는 존재의 삼위일체가 아니라, 관점주의적인 퍼즐게임 안에서 미로와도 같은 어둠과 덤불 속에서 계속되는 예견할 수 없는 운동과 반동의 삼위일체이다"(Smitmans-Vajda, *Melancholie, Eros, Musse*, p.61).

진리·삶·지혜가 여성으로 은유화될 때, 니체에게 이들 사이의 유사성의 근거는 그들이 각기 다른 방식으로 자신을 헤아릴 수 없게 감추며, 끊임없이 변화하고, 멀리서 유혹하지만, 소유를 거부한다는 점이다. '스스로를 감추고, 가장하고, 변덕스러우며, 소유되지 않는다'는 것이 니체가 보는 여성의 속성들이다. 그리고 이 속성들은 바로 동일자에 의해 포착되지 않는 타자로서의 진리·삶·지혜의 모습으로 치환될 수 있는 특질이기도 하다.

그러나 이 진리·삶·지혜의 여성 은유를 구성하는 또 다른 축은,

'주체' 남성의 독단이다. 진리·지혜·삶을 추구하는 자는 이 파악할 수 없는 대상에 한없이 매혹되고 그것에 제멋대로 자신의 형상을 부여한다. 그러면서 이 빠져나가고 감추며 거리를 유지하고 손에 잡히지 않는 진리·삶·지혜를 소유하고 파악할 수 있다는, 그리고 언젠가는 자신의 것으로 만들 수 있다는 헛된 믿음을 버리지 않는다. 심지어 소유하고 파악했다고 믿는 독단론에 빠진다.

니체는 '여성' 은유를 통해 동일성 철학에 근거한 독단론적 철학을 비판하고, '진리에의 의지'를 조롱한다.

③ 현실의 여성들, 여성주의자들

퇴보하는 여성   니체의 여성에 대한 언급의 모호함은, 진리·삶·지혜를 여성 은유로 묘사하는 텍스트들과 니체가 현실의 여성들을 평가하는 텍스트들 사이에 있다. 여성에 대한 니체의 묘사들은 신비화와 혐오, 매혹과 거부감의 결합이다. 니체가 당대의 여성을 염두에 두고 비판하고 있는 듯이 보이는, 『선악의 저편』 7장에 담겨 있는 단편들은 그의 여성 은유와 달리 보다 직접적인 판단을 포함하고 있다.

니체는 여성이 계몽되는 것, 학문적으로 되려고 하는 것, 자립하려고 하는 것에 대해 비판한다. 이 모든 시도들은 여성이 지닌 부정적인 것, 이제까지 "남성에 대한 **두려움**으로 가장 잘 억제되고 제어되어" 왔던 "현학적인 것, 천박한 것, 학교 선생 같은 것, 하찮은 오만, 하찮은 무절제와 불손함"을 노출하게 될 것이라고 경고한다. 여성이

자립하기 위해, "여성 자체"를 남성적 가치에 따라 계몽하기 시작하는 것을 니체는 "유럽이 일반적으로 **추악해지는** 최악의 진보"로 평가한다(『선악의 저편』, 222쪽).

당대 여성주의자들에 대한 니체의 평가가 근대적 가치 체계로서의 '계몽'에 대한 일반적 비판에 근거하고 있다는 해석도 있다. 또 기존 가치로의 편입이 여성들이 지닌 '다른' 가치를 상실하게 한다는 경고라고 해석하기도 한다. 그러나 이 해석들도 충분히 근거 지워지지는 않는다. 그 이유는, 니체가 계몽과 자립, 권리 주장의 대안으로 제시한 '여성적인 것 자체'의 바람직한 위치가 다시금 이분법적 구도로 되돌아가는 것처럼 보이기 때문이다. 예를 들어, 니체는 『선악의 저편』 7장 마지막 단편에서 여성을 자연과 동일시한다. "여성에게서 존경과 때로는 공포마저 일으키는 것, 그것은 남성의 자연보다 더 '자연적인' 그녀의 **자연**이며, 이러한 것으로는 진정하게 맹수같이 교활한 유연함과, 장갑 아래 숨겨진 호랑이 발톱, 이기주의의 단순함, 교육시키기 어려운 속성과 내적인 야성, 욕망과 덕성에서 이해하기 어려운 것, 폭넓은 것, 방황하는 것이 있다"(『선악의 저편』, 231쪽).

여성적 가치라는 함정　　전도되어야 할 남성적 가치, 그 기준을 뒤엎는 '여성적임', '여성성'은 무엇인가? 니체는 그것을 어떻게 제시하고 있는가? 여성의 해방이 기존의 가치를 답습하는 것이 아닌 '다른' 가치의 수립이어야 한다는 니체의 주장에 동의한다 하더라도, 니체는 여성/여성성의 '다른' 가치를 보여 주지 못한다. 니체가 보여 주는 여성성은 너무나도 전형적이며, 이분법적이고, 관습적이다. 단지 그 여성성이 동일성, 주체, 진리 등의 기존 형이상학의 틀을 벗어날 수 있는 이유는, 그것이 '타자'이기 때문이다. 어설픈 남성 주체로부터 끊임없이 벗어나는 타자성이 여성성의 다른 이름이다.

다른 한편, 당대 여성해방운동에 대한 니체의 반감도 다시 생각해 보아야 한다. 당대 여성해방운동의 한계, 여성운동가들의 한계, 여성주의의 한계를 비판한다 할지라도, 다음과 같은 니체의 서술은 당대뿐 아니라 현재의 여성 철학자들을 애매한 지위로 밀어 넣는다. "'여성해방'이란 (천박한 남성에 의해서만이 아니라) 여성 자신에 의해 요구되고 촉진되는 한, 이와 같이 가장 여성적인 본능이 더욱 약화되고 둔화되는 현저한 증후로 나타나고 있다. 이러한 움직임에는 행실이 바른 여성이라면 ─언제나 영민한 여성이기도 하는데─ 근본적으로 부끄러워했을 어리석음이, 거의 남성적인 어리석음이 있다"(『선악의 저편』, 229~230쪽). 이런 텍스트 앞에서 여성 철학자는, 엉거주춤 오해나 오인을 두려워하며 동의도 반대도 하지 못한 채, 억지 미소를 지으면서 머뭇거린다. 그녀는 묘한 지점에 서 있는 자신을 발견하게 된다. 니체가 말하는 여성다운 여성, 진정한 여성성을 포기하지 않은 여성은, 주체인 남성에 의해 쫓기며 물러나는 여성, 베일을 쓰고 감추는 여성이어야 하는데, 여성 철학자인 여성은 그녀가 언제나 차이의 철학자인 순간에조차, 이러한 대상은 아니기 때문이다. 철학자이며 여성인 그 여성은 '행실이 바른 여성', '영민한 여성'이 되어 자신의 어리석음을 부끄러워해야 하는가? 아니면 여전히 남성처럼 하나의 진리 추구자가 되기를 꿈꾸며 그 어리석음을 부끄러워해야 하는가?

3) 니체 여성 은유의 문제

니체 철학에서 '여성'의 위치   니체는 눈에 보이지 않는 곳에 감추어져 있는 차이들을 드러낸다. 이제까지 보편적인 것으로 여겨져 온 철학 개념이 불편부당한 투명성을 지닌 '인식의 도구'가 아니라는 사실을 보여 준다. 더불어 보편성과 객관적 진리라는 미명하에 차이를 무화하는 사유의 무근거성을 일깨워 준다. 니체에게 철학은 힘에의 의지Wille zur Macht에 근거한 해석이다.

　니체는 주체를 힘과 의지로 해체하면서, 모든 가치들의 가치와 근원을 묻고 그것을 전복하고자 한다. 이 물음과 시도로서 니체는 새로운 글쓰기를 시작한다. 이 글쓰기는 니체가 주체에 의해 파악되었다고 믿었으나 끊임없이 미끄러져 나가 움직이고 차이를 만들어 내는 타자들을 발견하고 주제화하고 논의하기 시작하는 출발점이다.

여성에 대한 하나의 진리   다다를 수 없고, 감추어져 있으며, 멀리서 작용하는 타자는 니체에게서 '여성'으로 은유화된다. 니체의 '여성' 은유는 상투적인 개념 그물망에서 출발한 것으로 보인다. 니체가 현실의 여성과 여성운동을 비판적으로 언급하였기 때문만이 아니라, 니체의 여성 은유 자체가 함축하는 '관점'이 지닌 한계 때문이다.

그것은 니체의 여성 은유의 토대가 여성 혐오적이고 여성 비하적인 징후라는 뜻이 아니라, 오히려 너무나 일반적이고 상식적인 '남성적 체험'의 표현이라는 점에서 갖게 되는 한계이다.

"나는 저 '다른' 성에 대해 알 수 없다." 괴테가 "영원한 여성적인 것이 우리를 끌어올린다"라고 언급한 바로 그 지점에서 보면, 여성적인 것은 미지의 것이기 때문에 신비이며, 어두움이고, 심연이다. (차라투스트라를 통해) 여성에 대해 모두 아는 것처럼 언급하는 니체도 여성에 대해 알고 있지 못하다는 사실을 인정한다. 작은 진리를 차라투스트라에게 선물하는 늙은 여자는 여자에 대한 차라투스트라의 말을 듣고 다음과 같이 말한다. "기이한 노릇이다. 여인들에 대해 아는 것이 별로 없는 것이 차라투스트라인데도 [여자들에 대한] 그의 이야기는 옳으니! 그것은, 여인에게는 모든 것이 가능하기 때문이 아닌가?"(『차라투스트라는 이렇게 말했다』, 112쪽).

결국 니체의 여성은 니체 자신의 진지하고 서툰 접근의 표현이다. 그 사실을 니체도 이미 인정하고 있다. "내가 나 자신에 대해 행했던 이러한 대단히 점잖은 태도를 감안해서 아마 내가 '여성 자체'에 대해 몇 가지 진리를 숨김없이 말하는 것을 이미 허락해 주었으리라 믿는다. 더욱이 그것이 단지 ──나의 진리일 뿐이라는 것을 처음부터 사람들은 알고 있었겠지만 말이다"(『선악의 저편』, 222쪽. 강조는 인용자). 니체는 자신의 여성에 대한 언급이 진리 그 자체가 아님을 인정한다. 수많은 가능한 여성의 진리들 중에서, 여성에 대한 니체 자신의 진리를 말한다.

저항

단테와 괴테가 여성에 대해 믿어 왔던 것 ──단테는 "그녀는 위를 올려다보고, 나는 그녀를 바라본다"고 노래했고, 괴테는 이를 "영원히 여성적인 것이 우리를 끌어올린다"고 번역했다.──: 고상한 여성은 모두 이러한 믿음에 저항하게 될 것이라는 사실을 나는 의심치 않는다. 왜냐하면 여성은 바로 이것을 영원히 남성적인 것으로 믿고 있기 때문이다……. (『선악의 저편』, 225~226쪽. 강조는 인용자)

단테와 괴테의 "영원히 여성적인 것"의 환상에 저항하는 것처럼, 우리는 '최초의 심리학자' 니체가 우리에게 밝히고자 한 "영원히 여성적인 것"에도 저항해야 한다. 니체의 여성들이 지닌 유일한 가능성은 그것이 우리는 당혹하게 하고, 때로는 분노하게 하며, 혼란을 야기한다는 점이다. 니체가 끌어들이는 이 애증의 미묘한 불균형과 비일관성만이, 타자와 차이에 대한 여성 은유의 의미를 상식적이고 일반적인 의미망과 더불어 숙고하게 한다.

4. 데리다의 경우

1) 경계에 있음

경계에서 엿보는 담론의 안과 밖   자크 데리다는 자신의 철학을 '경계에 있음'으로 특징짓는다. 기존 철학 담론의 안이나 밖이 아닌, 그 경계에서 데리다는 그 철학 담론의 의식적·무의식적 의미 구조를 탐색하고자 한다. 데리다는 자신의 철학적 목적을 이 담론의 경계 자체를 부수는 것이 아닌, 그 경계를 드러내는 것이라고 말한다. "나는 철학적 담론의 경계에 머무르고자 한다. …… 애초에 철학은 경계로부터 가능해졌다. 경계로부터 철학은 스스로를 에피스테메로 정의했다. 그로부터 철학은 근본적인 통로들과 개념적 모순들의 체계 내에서 움직인다"(Derrida, *Positionen*, pp.37~38). 경계로부터 철학 담론의 체계를 분석하는 작업을 데리다는 해체deconstruction라고 불렀다.

데리다의 차이의 철학은 스스로 어떤 토대가 되는 언표나 규정으로부터 출발하지 않는다. 데리다의 작업은 다른 철학적 작업들을 읽는 것이다. 상호 텍스트적 읽기와 교차적 참조를 통해, 하나의 텍스트가 담고 있는 중층적인 의미의 관계들, 힘의 역학들을 밝혀냄으로써 물음의 지형을 옮기는 것, 그것이 데리다 작업의 고유성이다. 데리다는 다른 철학적 텍스트 안에서 '다른 목소리들'을 발견함으로써 철학적 개념과 사유 안에 동일성보다는 차이와 타자성이 우선하고 있음을 보여 준다. 데리다의 해체적 읽기는 철학적 텍스트의 저자 자신이 표명하고 의식하고 있는 것보다 더 많이 그 텍스트에 함축되어 있는 다른 의미 층위들을 밝힌다.

'여성'의 주제화와 니체 읽기　　『에쁘롱: 니체의 문체들』*Eperon: Les styles de Nietzsche*에서 데리다는 니체의 여성에 대한 언급들을 자신의 해체적 독서의 대상으로 삼는다. 데리다의 니체 여성 은유 읽기는 많은 해석들 중에서 가장 설득력 있는 해석 가능성을 제공한다고 볼 수 있다. 이 작업은 니체의 여성 은유에 대한 읽기이지만, 그것에만 머물지 않는다. 이 작업에서 데리다는 니체의 텍스트를 넘어 자신의 여성 은유를 덧붙인다. 서양 철학사에서 배제되어 온, 그리고 그 배제와 더불어 타자화되어 온 여성을 주제화하면서 데리다는 자신의 차이의 철학을 정당화한다.

데리다가 여성을 주제화하는 데에는 두 가지 이유가 있다. 그 하나는, 서양 철학사에서 여성 또는 성의 차이가 철학적으로 주제화된 적이 없다는 점이다. 이 부재와 공백이 데리다에게는 철학의 경계를 되묻게 하는 계기가 된다. 왜 여성은, 그리고 성별gender은 철학적 탐구의 주제가 되지 못했을까? 데리다의 해체는 철학의 여백 margin으로부터의 읽기이자 글쓰기로 스스로를 자리매김한다. 그렇다면 데리다의 해체는 이 '여성/성별'이라는 주제의 부재에 주의를 기울일 수밖에 없다. 데리다는 이 주제적 부재와 공백이 서구 철학사의 남성 중심주의—데리다의 용어로 말하자면 남근이성중심주의 phallogocentrism를 해체할 출발점이 되리라고 본 것이다.

또 다른 이유는 데리다가 여성을 주제화하면서 특별히 니체를 읽는 작업에서 해명된다. 데리다는 여성을 주제화하는 자리에서 니체를 읽는다. 니체의 여성은 그 모호성과 애매성, 비일관성과 착종성으로 악명 높다. 어떻게 읽어 내야 할지 결정할 수 없다. 어느 한 관점으로 읽고 나면 다른 관점이 불쑥 튀어나오는 니체의 여성들 사이의 갈등은 곤란한 해석적 주제다. 데리다는 바로 이러한 사실을 포착하는 데서 여성을 주제화한다. 그리고 데리다는 니체의 다의적 여성 은유를 텍스트의 의미 또는 진리의 결정 불가능성의 은유로 읽는다. 이 읽기는 데리다의 것이며, 데리다의 또 다른 '여성 은유'의 시작이다.

2) 니체의 여성 은유에 대한 해체적 독서

문체의 문제: 후기 구조주의적 니체 해석 데리다의 『에쁘롱』은 1970년대 프랑스에서 재활성화된 니체 수용 흐름 안에 있다. 이 시기 프랑스에서의 니체 수용은 흔히 '후기 구조주의적' 해석으로 알려져 있다. 이 흐름은 하이데거로 대표되는 형이상학적 해석에서 벗어나, "의미에 대한 의심으로서의 해석, 그리고 언어의 본질에 대한 반성"을 중심 주제로 삼는다(슈리프트, 『니체와 해석의 문제』, 142~143쪽). 데리다도 이들과 함께 니체의 언어와 수사학에 대한 주제 의식과 관심을 공유하면서, '문체(들)의 문제'에 대한 논의에 참여했다. 데리다는 1969~1970년 겨울에 파리 고등사범학교에서 니체 세미나를 진행했다. 1971년 『태양의 해석들』*Versions du soleil*을 발표하여 '니체의 문체'라는 주제를 처음 제기한 베르나르 포트라Bernard Pautrat와 『니체와 은유』*Nietzsche et la métaphore*에서 니체의 수사학의 문제를 다룬 사라 코프만Sarah Kofman 등이 이 세미나에 참석했다(『니체와 해석의 문제』, 150~173쪽).

　제목이 포함하고 있는 복수형 명사 "문체들"styles은 하이데거의 니체 해석을 염두에 둔 것이다. 하이데거의 니체 강의가 당시 프랑스에서 번역 간행되었는데, 하이데거는 『권력에의 의지』 Wille zur Macht 에 관한 강의에서 "위대한 양식/문체" große Stil를 언급하고 있다. 하이데거가 『권력에의 의지』에서 "위대한 문체(양식)"를 통한 니체 미학의 통일성을 발견하고 있다면, 데리다는 이에 반해 니체에게서 복수의 "문체들"을 읽어 낸다. 다시 말해 하이데거가 거대한 형이상학의 틀 안에서 니체를 읽는다면, 데리다는 니체 텍스트 내부의 결정 불가능한 다성성을 읽는다. 데리다는 『에쁘롱』에서 하이데거의 니체 강의를 자신의 니체 읽기와 대비시키면서, 이 차이를 분명히 한다. 데리다가 읽는 니체의 문체들은 "일체의 현전적 진리가 없는 기호, 능동적 암호 풀기, 세계를 놀이로서 긍정하기, '복수적으로' 존재하는 양식 내지 문체" 등과 같은 주제들을 함축한다(벨러, 『데리다-니체, 니체-데리다』, 168쪽).

기호로서의 여성   데리다는 이 책의 서두에서 자신이 다룰 문제가 문체의 문제임을 밝힌다. 그러고 나서 곧 "그러나 여성이 내 주제 sujet가 될 것"이라고 부언한다(데리다, 『에쁘롱』, 31쪽). 데리다는 니체의 텍스트에 등장하는 '여성들'과 '여성 은유들'을 모티브로 문체의 문제에 접근한다. 여성에 대한 니체의 언급들은 그 불편한 다의성으로 인해 진지한 철학적 해석의 대상이 되지 못해 왔다. 니체의 여성에 대한 언급들은 여성 혐오의 표현이라는 그림자로 인해, 하이데거가 그렇게 했던 것처럼 주제화의 사각 밖에 놓이곤 했다. 데리다는 이 관심의 결여와 무시로부터 자신의 독해를 시작한다.

데리다는 이제까지 니체의 여성 은유들에 대한 독서가 니체의 스타일(문체) 문제와 "텍스트의 경제"에 부주의했다고 지적한다. 문체들이라는 관점, 텍스트의 경제라는 관점에서 니체의 여성 은유들을 읽게 되면, 그것이 궁극적으로 무엇을 겨냥하는지 알 수 있다는 것이다. 데리다는 문체들과 텍스트 경제라는 관점을 도입하기 위해서, '에쁘롱'이라는 다의적 개념을 매개항으로 가져온다. 이 매개항을 통해 두 주제, 여성들과 문체들이라는 주제가 연결될 수 있다고 본 것이다. 여성이라는 주제, 에쁘롱이라는 매개 개념을 통해 데리다는 니체의 문체들을 "텍스트의 진리"의 문제와 연결하는 해체적 독서를 완수한다.

에쁘롱   데리다는 문체는 "에쁘롱, 돛을 단 범선의 충각처럼 돌출할 것"이라고 말한다(34쪽). '에쁘롱'은 충각衝角을 의미할 뿐 아니라 펜, 단도, 단검, 우산 등과 같은 '튀어나온 모양'을 의미한다. 그것은 또한 튀어나온 뾰족한 것이 남기는 자국과도 연결된다. "영어에서 spur인 충각은, 흔적·항적·지표·표시를 의미하는 독일어의 Spur와 '동일한 단어'이다"(36쪽). 결국 돌출된 충각의 깨뜨리기, 찢기, 흔적 남기기가 곧 '문체'인 것이다.

이러한 맥락에서 보자면, 문체는 날카로운 것, 공격해서 표시하고 자국을 남기는 것이다. 데리다가 '에쁘롱'을 문체의 은유로 채택한 것은, 뒤에서 다룰 니체의 아포리즘 「여성과 원격 작용」에서의 흔적을 남기는 충각을 가진 범선의 이미지에 대한 연상의 결과이다.

"여성은 진리" 은유의 세 가지 층위　데리다는 "니체가 여성에게 부여하는 성격은 대체로 그가 진리를 규정하기 위해 사용하고 있는 성격과 동일하다는 점"에 주목한다(슈리프트, 『니체와 해석의 문제』, 178쪽). 데리다는 니체의 '여성'에서 세 가지 층위의 은유를 읽어 낸다. 그것들은 모두 "여성은 진리이다"라는 은유에 내포된 층위들로서, 니체의 진리관을 드러낸다.

원격 작용: 멀리서 유혹하는 여성/진리　첫번째 층위는 여성/진리가 주체인 남성/사색가에 대해 유지하는 '거리'라는 측면이다. '여성'은 독단적인 (남성) 철학자를 멀리서 유혹하는 '진리'이다. 여성/진리는 멀리에 있기에 유혹한다. 그것이 니체가 말하는 '원격 작용'actio in distans이다. 니체는 『즐거운 학문』의 60번째 아포리즘 '여성과 원격 작용'에서, 여성의 작용을 '거리 두기'로 설명한다. 소란스럽게 부서지는 파도의 격랑에 둘러싸인 절벽 위의 (남성) 사색가에게, 멀리서 미끄러지듯 다가오는 범선은 고요하고 평화로워 보인다. "남자는 자신의 소란 한가운데, 도전과 기획의 화염 속 한가운데에 있을 때, 고요한 마력을 지닌 존재가 **자신의 길을 미끄러져 가는 것을** 목격하고, 그들의 행복과 은둔을 동경하게 된다. **그 존재는 바로 여자이다.**" 그렇게 "남자는 이 여자에게 자신의 보다 나은 자아가 깃들어 있다고 생각한다". 그렇지만 "아무리 아름다운 범선이라도 많은 소음과 소란이 있다". 단지 그것이 멀리 있기에 고요하게 보이며, 유혹할 수 있을 뿐이다. 따라서 "철학자의 말을 빌리면 여자의 마력과 가장 강력

한 작용은 **원격 작용**인 것이다. 하지만 여기에는 무엇보다 우선 필요한 것이 있다——**거리**라는 것이!" 그 거리는 멀리서 유혹하는 힘이다(『즐거운 학문』, 131쪽).

데리다는 이 '거리 두기'로 작용하는 여성/진리를 "비실체, 비인물, 환영, 거리의 **심연**, 거리의 거리 두기, 간격의 모양 그 자체"로 해석한다(『에쁘롱』, 42쪽). 여성/진리가 '심연', '거리' 또는 '간격' 그 자체로, 또는 "~이 아닌[非] 존재"인 "비실체, 비인물, 환영"으로 그려지는 이유는, 그것이 영원히 접근할 수 없는 것이어야만 하기 때문이다. 다시 말해 "그 범선 위에도 많은 소음과 소란이 있기" 때문에, 거리가 없이 가까이에 있다면 그 실체를 폭로당하고 그것은 매혹하는 여성/진리로 작용할 수 없다.

이러한 읽기에 근거하여 데리다는 자신의 해체적 독서를 한 단계 더 밀고 나아간다. 매혹하는 힘인 여성/진리는 늘 거리 두기로서만 존재할 수 있기 때문에, "여성의 본질은 없다." "왜냐하면 여성은 간격을 만들고, 스스로에게서도 멀어지기 때문이다. 여성은 모든 본질, 모든 실체, 그리고 모든 특성을 목적 없이 기저 없이 근본부터 삼키고 휘게 한다"(『에쁘롱』, 43쪽). 결국 여성/진리의 본질은 없고, 오로지 '간격 그 자체'로만 멀리서 유혹할 뿐이다.

가장과 은폐: 현혹하는 여성/진리 두번째 층위는 가장하는 여성/진리의 작용이라는 층위이다. 니체에게 진리는 없다. 그럼에도 '여성/진리'는 마치 무엇인가가 있는 것처럼 감추고 가장한다. 없음을

감추면서 가장과 은폐로 현혹하는 것이 바로 여성/진리의 작용이다. 거리를 유지하고 멀리서 작용하는 여성/진리는 스스로 감추며, 다가오는 것, 소유하는 것을 허용하지 않는다.

    이 가장하고 은폐하는 여성/진리는 곧 여성/삶이기도 하다. "삶은 여성이다"라는 니체의 선언은, 삶이 베일에 덮여 있는 신비이기 때문이다. "삶은 가능성이라는 황금실로 짜인 베일로 덮여 있다. 약속하고, 반감을 품고, 수줍어하고, 냉소하고, 동정하고, 유혹하는. 그렇다, 삶은 여성이다Vita femina!"(『즐거운 학문』, 313쪽). 데리다는, 이 구절에서 니체가 "여성의, 인생의, 유혹의, 수치심의, 그리고 모든 장막 효과들(베일Schleier, 드러남Enthüllung, 은폐Verhüllung)의 단일성보다는 복잡함을 전개한다"라고 읽는다(『에쁘롱』, 43쪽). 즉 여성/진리의 유혹은 그 '거리 두기' 못지않게, 가장, 꾸밈, 감추고 드러내는 '장막 효과들'의 결과라는 것이다.

여성은 진리가 없다는 진리를 알고 있다   세번째 층위는, '여성'은 진리가 없음을 알고 있다는 것에서 유래한다. 여성은 진리가 없다는 것을 알고 있지만 그 없음을 은폐하면서 그 없음과 유희할 수 있다. 진리가 없음을 알고 그것을 수용하면서 유희할 수 있는 디오니소스적 힘을 소유하고 있다는 점에서, 여성은 진리이다. 그러나 독단론적 철학자는 "진리도, 여성도, 아무것도 이해하지 못했다"(『에쁘롱』, 44쪽). 그저 서툴고 진지하게 추구하면서 자신이 언젠가 여성/진리를 다 알 수 있다고, 그리고 소유할 수 있다고 믿고 있을 뿐이다. 반면 여성/진리는 "진리가 없음을, 진리가 생기지 않음을, 그리고 사람들에게 진리가 없음을" 안다. 따라서 "여성은 진리를 믿지 않고, 자신이 어떻다는 것을, 그리고 사람들이 자신을 어떻다고 믿는 것을 믿지 않는다"(44쪽). 그러면서도 여성/진리는 자신이 믿지 않는 비진리인 진리를 가지고 유희할 수 있으며, 유희한다. 그것이 이 위장의 전문가, 디오니소스적 예술가인 여성의 이중성이다. 진리가 있다고, 여성의 진리, 또는 여성/진리가 있다고 믿는 것은 '남성'이다. 여성/진리에 온갖 덕을 부여하는 것은 그렇게 믿고자 하는 남성/철학자이다. 남성이 그렇게 믿고 있는 한, 여성은 유희할 수 있다.

3) 거세의 구문론

데리다의 "여성은 진리" 은유 읽기: 진리가 여성이 되어 가는 과정
데리다의 독해에 의하면, 니체의 "여성은 진리이다"라는 은유는 다음과 같은 함의를 갖는다. 여성/진리는 멀리서 유혹하는 힘이며, 스스로를 감추고 꾸미는 비진리이다. 이 비진리인 여성/진리는 스스로가 비진리임을 알면서도 그 사실을 감추고 꾸미고 멀리서 유혹하는 유희를 계속하는 디오니소스적 예술가이다. 그런데 니체에게서 이 여성/진리의 작용을 가능하게 하는 것은 바로 '남성 주체인 독단론적 철학자'이다.

　데리다는 여성/진리의 작용을 가능하게 하는 남성/철학자를 발견하는 자리에서, 여성/진리를 '거세'와 연결한다. 일견 비약처럼 보이는 이러한 재구성의 논리는, 니체의 『우상의 황혼』에 있는 아포리즘 「어떻게 '참된' 세계가 결국 꾸며 낸 이야기가 되어 버렸는지: 어떤 오류의 역사」에 의해 근거 지어진다.

이 아포리즘에서 니체는 서양 철학사를 진리가 오류가 되어 가는 역사로 보고, 그것을 여섯 단계로 축약한다. 그러한 오류의 역사의 두번째 단계에서 "관념은 여자Weib[계집]가 된다"(『우상의 황혼』, 103쪽). 데리다는 이 아포리즘을 통해 니체가 진리를 언제나 여성이었다고 본 것은 아니라고 유추한다. 여성과 진리는 "하나의 역사"를 가지고 있다는 것이다(『에쁘롱』, 77쪽). 관념이 여성이 되는 단계는, 철학자가 진리에서 분리되어 흔적으로만 그 진리를 따라가고 쫓아가는 시기이다. 그러면서 여성/진리는 "멀어지면서 초월적이고 접근 불가능하며 유혹적이 되고, 행동하며 멀리서 길을 내보이는 것이다"(77~78쪽).

니체는 이렇게 관념이 여성이 되는 것을 "관념이 그리스도교적으로 되는 것"으로 보았다고 데리나는 지석한다. 데리다는 「어떤 오류의 역사」 바로 뒤에 오는 아포리즘 「반자연으로서의 도덕」을 참조하여, 니체에게서 그리스도교는 거세주의Kastratismus로 해석될 수 있음을 보여 준다. 니체는 이 아포리즘에서, 열정에 맞선 "교회의 처방, 교회의 '치료'는 거세"라고 적고 있다(『우상의 황혼』, 106쪽). 데리다는 이 두 편의 아포리즘의 해석을 통해, 결국 "여성이 된 관념"은 "거세"의 결과라고 결론짓는다.

니체의 여성에 대한 언급들: 세 가지 유형   이러한 독해에 근거하여, 데리다는 여성에 대한 니체의 언급을 세 가지 유형으로 분류한다. 여성에 대한 니체의 언급들은 모순적이고 비일관적이다. 데리다는 이 모순과 비일관성의 이유를 세 가지 유형화를 통해 설득한다. 니체의 여성에 대한 언급의 첫번째 유형은, 남근이성중심주의적 관점에서 '여성/여성성/여성적인 것'을 거짓이라고 비난하고 경멸하는 언급들이다. 두번째 유형은 그리스도교가 된, 거세된 진리인 '여성', 즉 '여성화된 진리'를 비난하는 언급들이다. 마지막 유형은 앞의 두 부정적인 언급을 뛰어 넘어, 여성을 긍정의 힘을 갖는 디오니소스적이고 능력이 뛰어난 예술가로 추앙하는 언급들이다(『에쁘롱』, 84~85쪽).

거세의 구문론   이 세 유형을 데리다는 거세의 구문론castration syntax으로 번역한다. 거세를 두려워하는 남근이성중심주의의 독단적 남성 철학자들에게 거리를 두고 멀리서 유혹하는 존재인 여성은 '거세하는 힘'으로 여겨지는 두려운 존재이다. 그러나 여성도 남성/이성을 동경하면서 거세 공포를 가질 수 있다. 데리다는 니체가 비난하는 여성주의자들이 바로 그런 여성들이라고 본다. 이들이 '거세된 여성'이라는 것이다.

반면 니체가 무엇보다도 높이 평가할 뿐 아니라 부러워하는 '긍정하는 여성'은 거세의 구문론을 가지고 유희하는 여성이다. 데리다에 따르면, 이러한 여성은 '거세가 없음'은 알고 있다. 거세가 없음을 알고 있으면서도, 거세 공포가 남성을 두렵게 하고 유혹할 수 있는 힘을 가지고 있다는 사실 또한 알고 있다. 그래서 이러한 남성적 욕망을 가지고 유희한다. 데리다는 니체가 부러워한 '긍정하는 여성'을 다음과 같이 정리한다. "여성은 거세의 진리를 믿지 않으며, 거세로서의 진리나 진리-거세도 믿지 않는다"(『에쁘롱』, 51쪽). 진리-거세는 이 여성들과는 상관없는 남성의 일일 뿐이다. 그것은 거세가 "진리-거세는 남성의 일이며, …… 남성적 다사다망인데, 이 다사다망은 자신의 신빙성과 어리석음 속에서 진리-거세의 올가미를 퍼뜨리도록 거세된다"(51쪽). 여성은 이러한 거세 효과를 필요로 한다. 이것 없이는 유혹할 수 없기 때문이다. 그러나 물론 여성은 이 다사다망한 공포와 유혹을 믿지 않는다. "'여성'은 그것을 믿지 않고 즐긴다"(52쪽).

"여성/진리는 없다" 데리다에 따르면, 니체의 여성 은유들은 하나의 여성이 아닌, 여러 여성들을 내포함으로써 텍스트의 이질성을 드러낸다. 결국 니체에게 "여성, 여성 자체에 대한 하나의 진리 그 자체가 있지는 않다". 니체의 텍스트들에는 다양한 유형의 여성들, "무수한 어머니들·딸들·누이들·노처녀들·아내들·지배적인 여자들·창녀들·처녀들·할머니들·크고 작은 소녀들"이 있을 뿐이다(『에쁘롱』, 91쪽).

데리다에 따르면, 니체에게 하나의 진리란 없다. 니체에게 여성 그 자체, 여성의 진리 그 자체가 없다는 것은, 결국 니체 텍스트에 하나의 진리가 없다는 것을 의미한다. 데리다의 읽기에 따르면, 니체에게서 진리와 비진리를 구분하는 것은 불가능하다. 여성이 '진리의 비진리', 또는 '비진리의 진리'의 은유로 사용되고 세 겹의 진리 표상으로 드러나면서, 니체에게는 하나의 위대한 문체도, 하나의 목소리로 일관되는 텍스트도 없다는 사실이 밝혀진다. 이 결정 불가능성이 바로 니체가 왜 그렇게 많은 다양한 문체들을 사용해야만 했는가의 이유라고 데리다는 주장한다. 니체도 『이 사람을 보라』에서 스스로 다음과 같이 밝힌 바가 있다. "나의 내적 상태들이 특출나게 다양하다는 점을 고려해 보면, 내게는 수많은 문체의 가능성이 있다 ─ 사람들이 사용할 수 있었던 것 중에서 가장 다종다양한 문체 기법들이 말이다. …… 좋은 문체 그 자체라고 하는 것 ─ 이것은 '아름다움 그 자체', '선 그 자체', '물 그 자체'처럼 하나의 순진한 우매함이자 '이상주의'에 불과하다"(『이 사람을 보라』, 383쪽).

성적 차이의 탈본질화 데리다는 이 결정 불가능성을 성적 차이의 해체로 옮긴다. 데리다는 니체 읽기를 통해 다음과 같은 결론에 도달한다. "성적 차이의 진리, 남성이나 여성에 관한 진리 그 자체는 없다"(『에쁘롱』, 92쪽). 니체의 여성 은유를 읽는 데리다의 해체적 독서는 성차의 결정 불가능성으로 귀결된다. 여성의 진리가 없는 것처럼, 성적 차이의 진리도 없고, 성적 차이나 여성·남성에 대한 모든 규정은 자리매김positioning의 결과물일 뿐이라는 것이다.

 데리다는 니체의 텍스트들에서 성적 차이의 의미는 "소유[전유]

appropriation의 과정"이라는 매개를 취한다고 본다. 주는가 아니면 획득하고 소유하는가에 따라 양성의 위치가 자리매김된다. 즉 성적 차이는 본질이 아니라, 위치이다. "여성은 줌으로써, 몸을 내맡김으로써 여자이고, 남성은 획득하고 소유하며 소유 취득한다"(『에쁘롱』, 98쪽). 그러나 그 자리는 고정되어 있지 않다.

"여성은 정반대로 ~을 위하여 **몸을 내맡김으로써**, 소유의 지배력을 위장하고 소유의 지배력을 스스로 확실시한다." 즉 "남성과 여성이 자리를 바꾸고, 그들의 가면을 끝없이 교환한다"(98쪽). 데리다는 니체에게 있어 성적 차이는 존재론적 차이가 아닌 자리매김과 역할 놀이의 결과라고 읽는다. 이러한 읽기에 따르면, 남성과 여성은 위치를 바꾸고, 교환할 수 있다. 성적 차이는 본질이 아니라 가면이고 역할 놀이이기 때문이다.

결정 불가능성: 데리다의 여성 은유   바로 이 지점에서 데리다는 니체의 여성 은유를 상세히 읽는 것을 넘어, 자신의 관점으로 이 은유를 확장하기 시작한다. 데리다는 니체의 여성 은유를 결정 불가능성의 은유로 읽는다. 그리고 그것은 결국 성적 차이를 해체하는 기획의 일부를 구성한다. 데리다는 성차를 해체한다. 그러면서 니체가 여러 텍스트에서 반복적으로 강조한 "양성 사이의 영원한 싸움", "불구대천의 증오"라는 역동이 데리다에게서는 사라진다. 데리다에게는 본질로서의 성적 차이란 존재하지 않는다. 단지 양성의 위치, 자리매김, 주고받기의 역할에 따라 성적 기호sign가 부여될 따름이다.

데리다는 양성성과 성적 차이 자체를 해체해야 한다고 본다. 그 이유를 데리다는 "성차가 변증법적 의미의 대립에 의해 결정되어 있을 때에는 '양성 간의 전쟁'을 시작하는 것처럼 보이지만 결국 그 끝은 남자의 승리로 나게 되기" 때문이라고 밝힌다. 즉 "중성의 껍질 아래에는 모종의 은밀한 작용을 따라서 언제나 남근 중심적 지배가 확실히 보장되어 있다"는 것이다(Derrida, "Choreographies: Interview", pp.33~34).

이러한 구도에서 데리다는 여성주의자들과 그들의 전략을 비판할 수 있다. 여성주의의 전략이 양성성과 성적 차이 그 자체를 해체하지 못하는 한, 남근 중심적 지배를 극복할 수 없을 것이다. 데리다는 오히려 양성의 성적 차이를 본질화하는 모든 술어들을 피해서 보다 더 많은 성적 차이들, 보다 더 많은 성별들을 열어 두는 편이 이 지배 구도를 해체하는 길이 될 것임을 암시한다. 데리다에게는 니체에게 남아 있던 대립적 성차가 사라진다. 데리다에게서 성차는 해체되고 복합적인 성적 기호들만이 남겨진다.

4) 여성은 어디에 있는가?

나는 '니체(의) 여성', '여성 니체'를 말했다. 그가 [스스로를] 긍정하는 그 지점, 그가 있는, 긍정적인affirmative 여성을 사랑하는 그 순간, 우리는 아마도 그가 '여성의 손으로' 쓴다고 말할 수 있을 것이다. 내 경우는 어떠냐고 물었는가? 나는 (한 명의) 여자처럼 쓰고 싶다. 그리고 그러려고 노력하고 있다. (Oliver, *Womanizing Nietzsche*, p.85에서 재인용한 데리다의 말)

여성주의자의 데리다 읽기 니체의 경우와 마찬가지로 데리다의 '여성'도 여성(주의) 철학자들에게 양가감정을 불러일으키는 주제이다. 데리다가 서양 철학사에서 배제되어 온 '여성'을 철학의 핵심 주제로 끌어와 그 부재와 공백의 의미를 읽어 내고, 그를 통해 서양 철학의 '남근이성중심주의'를 비판하고 해체한다는 점에서, 그는 여성(주의) 철학자들과 문제의식을 공유한다. 그러나 데리다의 여성에 대한 언급도 니체의 그것 못지않게 해석의 과제를 남긴다.

데리다는 니체의 여성 혐오적인 언급들을 그의 다른 "여성 옹호적 외관을 가진" 언급들과 화해시키면서 성적 차이를 해체하는 자신의 기획 안에 끌어들인다. 그러면서 여성주의자를 여성이 가지는 이중적·경계적 지위의 가능성, 즉 비진리를 알면서도 진리를 가장하며 유희할 수 있는 '여성적 작용'의 힘을 거부하는 '(긱은) 남성'으로 규정한다. 즉 그들을 주체가 되려고 하는 타자로 본다. "페미니즘, 이 조작을 통해 여성은 진리·학문·객관성, 즉 모든 남성적 환영과 더불어 이에 결부된 거세의 효과를 주장하면서, 남성과 독단적인 철학가를 닮고자 한다"는 것이다(『에쁘롱』, 56쪽). 데리다에게 여성주의자는 "독단주의적인, 남성이 되고자 욕망하는, 객관적 진리를 믿는" "거세된 여성"이고, 여성주의는 문체를 결여한 독단주의이다.

여성은 어디에 있는가?   데리다는 여성주의자들을 비판하면서도, 철학이 '여성(적)'이 되어야 한다고 주장한다. 그는 니체를 '임신의 사상가'라고 칭한다. 데리다는 니체를 '임신의 사상가'라고 부르면서, "그는 임신을 위한 배를 여성뿐만 아니라 남성에게서도 빌린다. 그리고 그가 쉽게 울고, 임신한 여성이 그러하듯 자신의 사고에 대해 말할 때, 자신의 배 위에 눈물을 흘리는 모습을 나는 종종 상상한다"라고 쓴다(『에쁘롱』, 57쪽). 생산적이고 창조적인 사상가는 '남성적 어머니'여야 한다. 데리다도 이러한 생산적인 여성, 창조적 여성이라는 규정들에 동의한다. 또한 데리다에게 '여성' 또는 '여성성'은 하나의 본질에 귀착되지 않는, '이질성'을 내포한 '작용'으로 표상된다. 그래서 데리다는 "여성처럼/으로서 쓰고 싶다"라고 말한다.

그렇다면, 데리다의 '여성'은 어떠한 위치에 있는가? 데리다가 '여성' 은유에 본질 없음, 다양성과 이질성, 비장소성, 가장과 유희의 작용 등의 특질을 부여할 때, 현실의 여성(들)은 어디에 위치 지어질 수 있는가? 데리다의 '여성'이라는 주제를 다루는 많은 연구들은 이 물음에서 출발한다.

여성들 간의 차이   갤럽Jane Gallop은 니체가 19세기의 역사적 맥락에서 '여성주의자들'을 비난했다면, 데리다는 『에쁘롱』이 발표된 1970년대의 여성주의에 대해 발언한 것이라고 지적한다(Gallop, "Women' in *Spurs* and Nineties Feminism", p.7). 70년대의 여성주의는 '여성'이라는 이름하에 통합될 수 있는, 단 하나의 집단으로서의 단위를 꿈꾸었는데, 데리다는 이러한 단일한 개념화의 욕망을 비판했다는 것이다. 그리고 이러한 데리다의 비판은 90년대 이후의 여성주의에 수용되었다. 이제 여성주의는 계급과 연령, 성 정체성과 국적 및 인종 등에 의해 이질화된 '여성들 간의 차이'를 가장 핵심적인 의제의 하나로 포함하고 있다. 갤럽은 대표 단수 '여성'을 통한 동질화에 대한 비판의 타당성을 인정한다. 갤럽은 Frau(여자, 아내), Weib(계집), Weiblein(조그마한/늙은 계집) 같은 니체의 독일어의 다양한 표현들이 데리다에게서 femme(여자, 아내), femelle(암컷) 같은 프랑스어 표현으로 번역되었다는 사실을 살핀다. 니체가 '여성'에 해당하는 각기 다른 표현들을 사용할 때, 거기에는 계급, 혼인 여부, 성적 정숙함의 정도, 연령 등의 요소들을 포함하는 언어적 뉘앙스가 개입되어, 이미 비난하거나 옹호하는 표상이 작용한다. 갤럽은 양성 간의 차이 못지않게 '여성들 간의 차이들'도 성별화되어 있기 때문에, 계급 혹은 연령의 구분은 성적 차이로 작동한다고 지적한다.

데리다의 반여성주의? 갤럽은 데리다의 해체를 여성들 간의 차이에 대한 민감성을 높이기 위한 전략으로 여성주의 내에 수용하고자 하는 반면, 브라이도티Rosi Braidotti와 올리버Kelly Oliver는 데리다의 해체가 극복하지 못한 남성 중심적 관점을 비판한다. 브라이도티는 데리다가 성차를 소거하고, 주체의 근원을 섹슈얼리티 외부에 두고 있다고 비판한다. "비규정성, 동요, 베일의 유희, 그리고 시뮬라크르인 여성성은 비-장소no-where, 앎에의 의지, 즉 이론화의 충동의 중심에 있는 창조적 공백으로서 주어진다. 진리의 비진리인 여성은 기호이고, 또 글쓰기의 공간이다"(Braidotti, *Patterns of Dissonance*, pp.101~102). 그리고 데리다의 거세 구문론에 내포된 반여성주의를 지적한다. 데리다에 따르면 여성주의의 주장은 극복되어야 할 것에 매달리는, 남근이성중심적 담론에 불과하다. 그러나 브라이도티가 보기에, 데리다의 이러한 결론은 여성들의 투쟁의 역사와 여성주의 텍스트를 오해하고 무시한 결과이며, 여성주의의 이론적 입장에 주의를 기울이지 않은 결과이다. 그녀에 따르면, 사회적 자유를 획득하기 위한 여성들의 실질적인 투쟁에 대해서는 무관심하면서, 여성을 결정 불가능성의 은유로 "철학의 미래"에 도입하려는 데리다의 태도는 믿음직스럽지 않은 "과도한 긍정"hyperbolic affirmation일 뿐이다.

    올리버도 같은 점을 비판한다. 올리버에 따르면, 데리다가 철학적 사유에서 배제되어 온 여성을 주제화하려고 했다지만, 그의 해체 전략 안에서 '여성'은 다시금 대상화되었다. 데리다가 여성을 그의 주제라고 말할 때, 그는 '여성' 은유와 유희하고 있을 뿐이다. 그리고 '여성'이 그의 담론의 주제subject이지만, '여성'의 자리는 주체subject의 자리가 아니다. 올리버는 니체나 데리다의 여성-진리 은유의 언급들, 즉 '거리 두기', '가장, 꾸밈' 등의 속성에 대한 언급을 앞에 두고 "한 여성이 이 문장들을 읽을 때, 그녀의 자리는 어디인가?"를 묻는다. "그녀도 니체나 데리다처럼, 매혹적이고, 파악하기 어려운 여성을 추구하는 데 사로잡혀 있는가? 그녀 자신에게? 그녀의 효과는 그녀 자신으로부터의 거리인가? 이 텍스트에 주어진 목소리는 누구의 욕망을 말하는가?" 이 물음들에 대해, 올리버는 "이 욕망은 여성의 욕망이 아니다"라고 결론짓는다(Oliver, *Womanizing Nietzsche*).

여성의 박탈   유사하게, 스피박Gayatri Chakravorty Spivak은 데리다의 해체에 의한 여성의 "지위 박탈"displacement을 지적한다(Spivak, "Displacement and the Discourse of Woman", pp.43~72). 해체적 담론의 '모델'인 여성은 가장하고 속이는, 갖가지 부정적 어휘들로 일반화되고 정의된 여성이다. 그러면서 여성은 이미 주체의 자리를 박탈당해 왔다. 스피박에 따르면, 데리다가 "여성이 나의 주제가 될 것"Woman will be my subject이라고 말할 때 역시 '여성'은 주어/주체subject가 되지 못하고, 결국 주어의 자리를 차지하는 (남성) 저자의 목적어/대상object이 된다. 그런데 다시금 데리다에게서 여성이 "긍정적인 힘"의 은유로 읽힐 때, 역시 여성은 이 이중적인 지위 박탈의 순환 안에 놓이게 된다. "여성을 모델로 받아들이고자 하는 몸짓을 지키기 위해서, 여성의 형상은 이중적으로 지위를 바꾸어야만 한다"("Displacement and the Discourse of Woman", p.46). 스피박은 데리다가 "심연의 기호"로 해석하는 것을 "이중 박탈"double displacement이라고 부른다. 데리다는 전통적인 철학 담론 안에서의 부정과 배제로서의 여성의 자리를 다시금 빼앗아, 자신의 해체의 구도 안에 배치한다. 스피박은 데리다의 해체 담론이 서양의 남근이성중심주의의 한계를 문제시하고 서양 철학을 '여성화'하는 것처럼 보이지만, 실제로는 그가 주체로서의 자신의 위치를 고수하고 있다고 지적한다.

스피박의 이러한 비판은 올리버가 지적한, 데리다의 '여자처럼' 철학하기라는 욕망에 대한 지적과도 연결된다. 올리버는, 데리다가 스스로 "여자처럼 쓰고 싶다"라고 말하지만, 해체의 경제 안에서는 남성들만이 여성이 될 수 있을 뿐이라고 비판한다. 데리다에게 남성의 여성으로의 전환transvestism은 가능한 것일 뿐 아니라 즐길 만한 것이지만, 여성이 남성으로 전환하는 것은 불가능하다. 그것을 욕망하는 여성은, 니체와 데리다에게 비난받는 '여성주의자'다. 올리버는 데리다의 이러한 조작 안에서 '폭력'을 본다. 데리다의 '철학의 여성화'는 자기 패러디이자, 자기 거세autocastration라는 것이다. 그리고 이 자기 거세를 통한 철학의 여성화는 남성적 작용일 따름이며, 결국 여성 타자의 가능성을 다시금 효과적으로 박탈하는 것이라고 비판한다.

데리다 여성 은유의 긍정성 올리버나 브라이도티 그리고 스피박의 비판에 대해, 그로스Elizabeth Grosz는 데리다의 '여성' 은유의 해체론적 긍정성을 옹호한다. 그로스는 데리다의 작업이 여성주의자들에게 긍정적인 방법론적 가능성을 열어 줄 수 있다고 본다. 데리다의 작업이 여성주의 이론에 자기비판의 개념적 가능성을 제공하고, 그를 통해 여성주의 투쟁에 보다 효과적이고 예리한 통찰력을 제공해 준다고 보기 때문이다. 그로스가 주목하는 것은, 여성주의가 가부장제의 역사 안에 위치 지워져 왔기 때문에, "여성주의 담론과 가부장제 담론 사이의 분리선은 더 이상 선험적 확실성을 가지고 그어질 수 없다"는 사실이다(Grosz, "Ontology and Equivocaton", p.79). 그렇다면 여성주의 담론 내부에 얽혀 있는, 극복되지 못한 남근이성중심주의가 해체되어야 한다. 그녀에 따르면 데리다의 해체론은 여성주의를 부정하거나 옹호하려는 것이 아니라, 여성주의 텍스트와 언어에 있어서의 이질성과 혼종성을 밝혀내는 과정이다. 그리고 그것이 바로 데리다 해체론이 담고 있는 '정치성'의 내용이라는 것이다.

데리다의 '여성' 은유의 해체적 읽기가 여성의 위치를 이중적으로 박탈하는 것이라고 비판했던 스피박도, 1987년 발표한 다른 글에서 자신의 비판적 입장을 부분적으로 철회하면서 그로스가 옹호하는 '가능성'의 일단과의 '협상' 필요성을 지지한다. 스피박은 다음과 같이 고백한다. "데리다의 에세이에 대한 나의 예전 입장은 논쟁을 불러일으켰다. 나는 여성의 비유를 미결정성의 기호로 보는 것은 옳지 않다고 시사했다. …… 하지만 요즘 나는 협상을 하면서 데리다의 논의에 당분간 동의하고 싶다"(스피박, 「다시 본 페미니즘과 해체론」, 241쪽).

스피박은 『에쁘롱』에서 '여성'이 성적 차이를 표시하는 하나의 이름이자 개념 은유라는 사실을 간과했다는 점을 인식하게 되면서, 이러한 입장의 전회를 하게 됐다고 한다(240~241쪽). 스피박이 말하는 '협상'은 데리다의 텍스트를 유용하게 만들기 위해, 그 텍스트가 지닌 비판적 힘을 활용하면서도 그것의 남성 중심주의는 용인하지 않는 태도를 말한다. 데리다의 해체론에서 유용하게 활용할 수 있는 부분은 '주체의 탈중심화'에 집요하게 주목하는 점이다.

5) 여성 은유의 폭리

데리다의 은유론　　데리다의 '여성'에 대한 비판적이거나 옹호적이거나 협상적인 여성(주의) 철학자들의 대응은 모두 적절한 만큼 부적절해 보인다. 데리다가 원하고 또 표방하는 바와는 달리 살아 있는 여성의 현실에 무심하며, 여전히 '남성' 해체주의자의 자리를 극복하지 못한다는 비판은 적절하다. 그러나 이러한 지적들은 그로스의 언급대로 데리다 작업의 의도와 해체적 독서의 의미를 왜곡하는, 이미 선-결정된 '정치성'의 반영이자 텍스트 외부로부터의 비판이다. 반면 데리다 해체론의 가능성에 대한 적극적 옹호는, 데리다의 텍스트가 담고 있는 반여성주의적 언급이나 성적 차이의 삭제, 그로 인한 섹슈얼리티의 탈역사화와 같은 내용들에는 관대하게 무관심하면서, 단지 '사유 방법론'에 몰두하는 것처럼 보인다.

　　『에쁘롱』의 텍스트 내용을 그 내부로부터, 혹은 그 담론의 경계에서 비판적으로 검토할 가능성을 데리다의 은유론에서 끌어올 수 있을 것으로 보인다. 우리는 데리다가 전개했던 철학적 개념에 대한 은유론을 재검토함으로써, 그가 자신의 텍스트 어느 지점에서 해체 전략의 일관성을 상실하고 있는지를 발견할 수 있다. 폴 드 만Paul de Man은 독서는 이미 불가피하게 맹목성blindness을 함축한다고 본다. 그러나 그는 맹목성을 부정적인 현상으로만 보지 않는다. 많은 경우 저자의 통찰은 독서의 맹목적 수행의 결과이기 때문이다. 그러나 그 통찰의 순간에 작용하는 맹목성은, 궁극적으로 저자로 하여

금 자신이 말하고자 의도했던 것과는 전적으로 다른 어떤 것을 말하게 하기도 한다. 드 만은 데리다의 루소 해석에서 이러한 맹목성과 통찰이 공존하는 예를 발견하기도 했다(de Man, "Die Rhetorik der Blindheit").

브라이도티는 데리다의 해체적 독해가 '텍스트적 무의식'에 대한 심리분석학과 같다고 지적한 바 있다. "데리다의 해체 작업은 철학적 의미의 종합적 단위를 부정하는데, 일종의 텍스트적 무의식 textual unconscious인 담론적 힘의 또 다른 an-other 경제의 이름으로 그렇게 한다"(Braidotti, *Patterns of Dissonance*, p.100). 우리는 '여성' 은유와 관련하여 데리다의 텍스트적 무의식을 분석함으로써, 그의 작업이 유지하던 꼼꼼한 해체적 독서의 일관성이 파기될 뿐 아니라, 자신이 해체하고자 했던 대상에 추상적·형이상학적 개념화를 허용하게 되었다는 점을 발견하게 될 것이다.

철학적 은유와 폭리 「백색 신화」La mythologie blanche에서 데리다는 철학적 은유가 사용되는 전체적인 상황을 분석한다. 데리다는 철학적 은유의 해체적 분석을 위해 '사용'이라는 개념을 'usure'라는 개념으로 대체한다. 'usure'라는 프랑스어 단어는 '소모'를 뜻할 뿐 아니라, '폭리, 부당이득'이라는 의미를 가지고 있다. 데리다는 철학적 개념들, 형이상학적이고 추상적인 개념들은 은유화 과정에서 일어난, 그 단어가 지닌 감각적으로 인지 가능한 근본 의미의 'usure'라고 지적한다. 단어의 근본적인 의미, 혹은 감각적으로 인지 가능한 물질적 형태는, 그 단어가 철학적 담론에서 유통되면 바로 은유가 된다. 그러면서 첫번째 가지고 있던 감각적 의미 내용이 철학적 개념으로 치환되었다는 사실은 망각된다. 그러면서 그것이 은유였단 사실은 더 이상 알아차릴 수 없게 되고, 그 개념은 순수한 철학적 의미와 추상적 가치를 지닌 것으로 여겨지게 된다(Derrida, *Randgänge der Philosophie*, p.207). '근본'Grund, '실체'Substanz, '개념(파악)'Begriff 등등의 철학 개념들이 그 예다.* 여기서의 망각은 양면적이다. 그것은 소모이자, 폭리이다. 근원적이고 감각적이고 인지 가능한 근본 의미, 지시적 의미는 '소모'되지만, 그 표현의 가치는 더 높은 '폭리'를 가져오기 때문이다.

데리다 여성 은유의 usure 데리다의 '여성' 은유를 이 usure의 경제학으로 볼 수는 없을까? 데리다에 의하면, 니체의 텍스트에서 하나의 여성, 하나의 여성/진리는 없다. 나아가 확정 가정한 '여성, 여성성'도 없다. 성적 차이는 작용과 위치에 대한 기호일 뿐이다. 그러

---

* 세 단어 모두 일상적인 단어로부터 출발한다. Grund는 '토대, 바닥'을 의미하는 일상어이다. Begriff는 동사 begreifen(붙잡다, 거머쥐다)에서 파생된 명사이다. 애초의 '감각적 의미'는 무엇인가를 붙잡는 것에서 출발했을 것이다. 그러나 이 단어는 철학에서 어떤 생각을 붙잡고 거머쥐는 '파악'의 의미로 추상화되고, 한국어로 '개념'이라고 번역되는 철학 용어로 정착되었다. 이 단어들이 철학에서 사용되면서 철학사적으로 다양하고 두터운 의미 층위를 지닌 철학 개념이 되어, 구체성과 역사성, 현실성을 삭제한 추상적 표상을 담는 용어가 된다. 철학 용어들, 개념들은 이렇듯 일련의 은유화 과정의 결과이다. 첫 단계에서는 감각적 내용과 구체성이 살아 있지만, 철학적 맥락에서의 사용이 이 구체적이고 감각적인 내용을 삭제해 가면서, 결국에는 추상적인 것으로 넘어간다.

면서 데리다에게 '여성'은 '차연'처럼 "적절한 지시 대상이 없는 이름", 개념도, 은유도, 단어도 아닌 작용에 붙여진 잠정적인 이름이 된다(스피박, 「다시 본 페미니즘과 해체론」, 250쪽). 그러나 '차연'이 차이 différence의 e와 차연différance의 a의 철자 교환을 통해 고안된, 그 근원에서부터 감각적 지시와 인지 가능성이 제한된, 불확정적인 흔적의 표현인 반면, '여성'은 은유화의 과정에서 그 근원의 지시적 의미를 내포하는 표현이다. 데리다 자신은 '여성'이 단지 하나의 기호로, 진리의 비진리 또는 진리·의미의 결정 불가능성 '작용'을 드러내는 표현으로 쓰인다고 주장하고 있다. 그러나 그것은 '여성'이라는 표현이 지닌 원래의 감각적 의미를 추상화시키는 탈감각화 과정을 통해 '여성' 은유의 가치를 한없이 높이려는 시도처럼 보인다.

데리다는 「백색 신화」에서 'usure'의 경제를 가시화하기 위해 아나톨 프랑스Anatole France의 『에피쿠로스의 정원』Le jardin d'Épicure의 한 부분을 선택한다.

폴리필: 니는 하나의 언어를 만들어 내는 형이상학자들은, …… 칼이나 가위를 숫돌에 올려놓는 대신 [그 위에 새겨진] 제명, 연도, 그리고 초상을 지우기 위해 메달이나 동전을 숫돌에 올려놓는 칼 가는 사람 같다고 공상합니다. 백 수Sous짜리 동전에서 [새겨진 것들이 지워져서] 그것이 빅토리아의 것인지, 기욤의 것인지, 공화국의 것인지를 더 이상 알아볼 수 없게 되면, 그들은 말합니다. "이 동전은 그 자체 안에 영국적인 것도, 독일적인 것도, 프랑스적인 것도 가지고 있지

않다. 우리는 그것을 공간과 시간 외부에 세웠다. 이것의 가치는 이제 더 이상 5프랑이 아니다. 그것의 가격은 가늠할 수 없으며 그 시세는 끝없이 높다." (Derrida, *Randgänge der Philosophie*, p.206에서 재인용)[*]

데리다에게 출발점이었던 현실 속의 여성, 살아 있고 경험하는 여성, 가부장제 권력에 의해 규정되고 그 규정에 의해 구성되며 그 구성에 저항하는 구체적인 여성은 없어진다. 단지 니체에 의해, 그리고 오랜 서구 철학사에 의해 은유화된 여성이, 데리다의 읽기를 통해 그 모든 구체적 내용을 상실한 "비진리의 진리, 진리의 비진리" 작용, 결정 불가능성의 은유를 지칭하는 표현으로 쓰일 뿐이다. 그리고 이 여성은 형이상학적 개념의 추상화가 그러한 것처럼, 탈역사화된다.

니체의 '여성'은, 다의적이고, 모순적이며, 반反본질주의적인 텍스트의 이질성을 포함하고 있다 할지라도, 역사성을 상실하지는 않는다. 니체가 유대인과 함께 여성을 "가장의 전문가"로 지칭할 때, 니체는 권력에의 의지와 원한 감정ressentiment의 역사를 잊지 않는다. 여성이나 유대인이 가장의 전문가, 예술가가 되는 것은 지배와 종속

---

[*] 이와 유사한 비유를 우리는 니체의 「비도덕적 의미에서의 진리와 거짓에 관하여」(Über Wahrheit und Lüge im außermoralischen Sinne)에서 발견할 수 있다. "진리들은 환상들이다. 진리들은 마멸되어 감각적 힘을 잃어버린 비유들이라는 사실을 우리가 망각해 버린 그런 환상들이며, 그림이 사라질 정도로 표면이 닳아 버려 더 이상 동전이라기보다는 그저 쇠붙이로서만 여겨지는 그런 동전들이다"(니체, 『비극적 사유의 탄생』, 200쪽).

의 권력이 만들어 낸 결과이다. "여성의 연극 행위의 가장 근본적인 원인은 계보학적으로 보아 정치사회적 역사적인 상황이다. 연극 행위에의 본능적 충동은, 자신들의 능력과 일반적인 수단으로 힘을 쟁취하거나 인정받을 능력이 없으므로 위장과 인위적인 적응을 통하여 그들의 실존을 보장하려는 의도에서 출발한 것으로 사회적으로 억압되고 구속받는 사회계층에서 가장 쉽게 찾을 수 있다. 즉 강자의 동정을 사거나 보호를 받기 위하여 그들의 약함을 지나치게 과장하거나 거짓으로 꾸며 내어 연극 행위를 한다"(김미기, 「니이체의 진리개념비판에서 본 예술과 여성의 본질」, 62쪽). 데리다가 인용했던 니체의 아포리즘 「어떤 오류의 역사」에서도 니체는 여성이 진리로 은유화되는 역사적 과정과 그 변형의 의미, 그 안에 작용하는 권력의 역학을 추적했다.

반면 데리다는 이 역동을 역사적이고 맥락적인 차원의 실제성보다는, 구조 기호학적인 위치와 그 박탈displacement로 환원한다. 결국 데리다는 '여성'이 지닌 원래적 의미의 생동감을 포기하고, 그것을 탈역사화함으로써 사용하기 좋은 빈 기호로 만들고자 하며, 그것을 통해 폭리를 취한다. 그러나 데리다의 이러한 폭리의 경제학은, 그 기호가 왜 '남성'이 될 수는 없는지에 대해서 설명하지 못한다. 또한 '여성'이라는 표현이 포기하지 못하는 감각적 지시 및 생동감, 활동과 역사의 흔적이 그것을 끊임없이 의심하게 함으로써 흔들릴 수 있다.

여성, 진리의 결정 불가능성   '여성'을 "텍스트의 의미와 진리에 대한 결정 불가능성"의 은유로 도입한 데리다의 해체적 작업은, 성별 이분법에 갇힌 남근이성중심주의를 해체하고자 한다. 데리다는 성차의 본질주의를 해체함으로써, 성별을 주기/소유하기의 역할 위치와 그 작용에 부여된 성적 기호로 변환시키고자 한다. 결국 데리다에 따르면 '여성'은 없다. 본질로서의 성적 차이sexual difference도 없다. 그것은 단지 어떤 작용에 붙여진 은유적 표현일 뿐이다. 니체에게서 '여성'이 진리, 삶의 은유인 것처럼, 그리고 그 은유들에서 '여성'의 의미가 이질화되고 다원화된 것처럼, 데리다에게 '여성'은 "비진리의 진리, 진리의 비진리, 진리와 의미의 결정 불가능성"의 은유로 쓰이면서 성차 본질주의를 해체하는 도구가 된다.

그러나 데리다가 '여성'을 본질주의를 해체하기 위한 은유로 채택할 때, '여성'은 은유의 폭리usure 경제학의 일부가 된다. 데리다는 '여성'을 해체의 도구로 사용할 때, 그것이 각인하고 있던 타자화된 의미의 계보학을 탈각시키면서 추상화하기 때문이다. 니체의 다의적 '여성' 은유들은, 권력의 계보와 지배-종속성의 역학을 포함하는 반면, 데리다의 '여성' 은유는 탈역사화된 구조적 기호 작용으로만 남게 되면서도, "비진리의 진리, 진리의 비진리"를 이중성을 간파하는, 경계적 존재로 이상화된다.

데리다는 니체의 '여성들'을 읽으면서, 니체가 "명확하게 보지 못했고, 결코 해결되지 않을 이런 규칙적이고 운율적인 눈멂[맹목blindness]"이 일어난다는 사실을 지적했다. "니체는 직물 속에서 다소 길을 잃는데, 이는 자신을 통해서 생성된 고르지 않은 거미집에서 길을 잃는 거미와 같다"라고 말한다(『에쁘롱』, 88쪽). 이 말을 데리다에게 돌려줄 수 있을 것이다. 데리다의 '여성' 은유는 그것을 통해 여성이 배제된 남근이성중심주의 경계 내의 철학 담론을 해체한다는 점에서뿐 아니라, 서구 여성주의에도 여성들 간의 차이에 대한 민감성을 높이고, 성별을 생물학적 본질주의에 매어 두는 오류를 극복하게 하는 단초를 제공한다는 점에서, 큰 의의를 갖는다. 그러나 데리다도 자신의 거미집을 고르게 짜지는 못했고, 길을 잃는다. 데리다가 '여성'의 낡은 은유를 되풀이하면서도 탈역사화된 표상으로 '여성' 은유를 추상화하는 과정은 데리다의 해체 전략 안의 '맹점'으로 남는다. 본질주의와 성차가 해체되어야 하는 그곳은, 성별과 성차에 의한 권력의 불균형과 지배-종속의 역학이 작동하는 그 계보학적 자리매김의 장소이기 때문이다.

맺는 말 주체와 타자 사이, '사이'를 듣기

> 우리가 원할 수밖에 없는 게 정의로운 사회라면, 어느 것도 타자 없이는 생존할 수 없다. (스피박, 『다른 여러 아시아』, 50쪽)

타자 철학자들의 딜레마는 타자를 주체의 영역으로 전유하지 않고 그 자체로서의 타자성을 보호해야 하기 때문에, 타자를 말할 수 없다는 데 있다. 언어를 갖는다는 것, '나'를 발화함으로써 하나의 언어 체계를 자기 담화의 도구로 사용한다는 것이 화자를 주체로 만드는 첫 번째 단계이다. 그렇게 '나'를 발화하는 주체는 언어의 주인으로서, 자기 이외의 '대상'들을 자기 언어로 포착하여 묘사한다. 이 언어와 발화자의 관계, 담화와 재현의 관계 안에서, 타자의 고유한 타자성을 손상하지 않으면서, 타자에 대해 말할 수 있는 방법이 있을까?

타자는 실체가 아니다　　타자의 문제에 대한 일반적인 접근은, 타자를 '우리' 주체 집단에 포함되지 않는 외부자, 주변인의 문제로 인식하는 것이다. 우리는 앞서 주체와 타자가 고정된 실체가 아니라, 위치의 역학에 의해 주어지는 '자리'에 부여된 이름이라는 사실을 지적했다. 주체는 자리를 지정해 줄 수 있는 위치, 나를 말할 수 있는 위치, 하나의 언어를 나의 것으로 소유할 수 있는 위치이다. 반면 타자는 그 주체의 언어와 권위에 의해 대상, 객체로 부여된 '상대방'의 자리를 말한다. 따라서 동일한 인격이나 정체성도 일정한 역학에서 주체 또는 타자의 자리에 처할 수 있다.

주체의 자리를 갖게 되면 그는 인식과 행위의 자율적이고 자유로운 주인이 되어, 나 이외의 것, 즉 타자/타인을 나의 틀에서 인식하고 표상할 수 있는 힘을 가지게 된다. 반면 타자의 자리에 놓이는 '다른 주체', 타인은 인식과 행위의 주인인 주체의 대상/객체가 되어 자유와 자율성을 박탈당한다. 따라서 주체 중심의 동일성에 입각한 서구 철학에서는 이 주체와 타자의 관계를 일련의 투쟁 관계로 이해해 왔으며, 주체는 박탈될 수 없는 자유의 소유자로, 타자는 주체를 위협하는 악으로 표상되었다.

동일성 철학에서의 타자 표상   주체 중심의 동일성 철학에서 타자는 악으로 여겨졌다. 그것은 동일성을 흠집 내는 결여이지 순수성을 파괴하는 오염이며 이질성이기 때문이다. 이때 타자는 이방인, 괴물, 신비로 표상되었다. 주체는 알 수 없는, 의심스러운, 착종되고 이질적인 존재의 속성들을 타자에게 부여하고, 타자를 특정한 집단과 동일시했다. 타자에게 부여된 속성은 타자의 타자성을 강화하고, 주체에 의해 타자로 지정되면 그 타자성의 속성들이 부여되었다. 유럽, 백인, 남성, 이성애 중심의 주체는 비유럽인, 유색인, 여성, 비이성애자들에게 '이방인, 괴물, 신비'의 속성들을 교착적으로 부여한다. 중심적 권력으로부터 배제되는 주변화된 집단, 하위주체는 이렇게 구성된다.

동일성 철학에 근거한 유아론적 주체의 입장에서 타자를 향한 윤리적 태도는 "다른 누군가의 입장이 되어 보는 것"이다. 타자를 인정하고 그의 처지에 공감하려는 이 태도는 제한적이다. 그것은 공감과 유추에 근거한 우연적 태도, 양보와 자비와 같은 주체 중심적 자의성이기 때문이다.

주체 중심의 윤리가 취하는 타자에 대한 관용은 기본적으로 가부장적 권위주의의 허용에 기댄다. 관용은 쉽게 한계 지어진다. 관용은 권력자의 양보와 자비에 의해, 타자가 주체를 침해하지 않는 한 주체의 논거에 근거하여 주어진다. 그렇기 때문에 그것은 권력을 가진 주체의 자의성에 의해 언제나 철회될 수 있다. 관용은 주체가 타자에 대한 진정한 인식에 기초하지 않은 채 자신의 입장과 관점에 따라 수혜적 관계를 유지하는 일방적 관계일 뿐이다. 타자로부터 출발하는 차이의 철학은 이러한 주체 중심의 타자 관용의 윤리와는 다른 태도를 취해야 한다. 그것은 주도권을 주체에서 타자로 넘기는 데서 출발한다.

차이에 주목하는 타자 철학의 딜레마   그러나 주체가 타자를 자의적으로 표상하고 타자의 고유성을 전유하는 동일성 철학의 독단을 극복하고, 타자의 다름, 차이에 주목하는 비판적·반성적 타자 철학에서 타자는 도달 불가능한 것으로만 드러난다. 타자 철학의 딜레마는, 타자에 대해 말할 수 없다는 데 있다. 주체의 입장에서, 주체의 언어로 타자에 대해 말하기 시작하는 순간, 그것은 이미 주체의 것이지, 타자 그 자체의 고유성이 아니다.

타자를 주체의 표상 체계 안에서 전유하지 않아야 한다는 강한 요청에 답하면서, 레비나스는 타자를 절대성이자 초월로, 데리다는 타자를 결정 불가능성으로 유보한다. 타자에게 특정한 속성을 부여하기를 거부하면서, 타자에 대한 말하기는 직접적인 의미론의 체계보다는 수사적인 비유의 체계로 넘어가게 된다.

레비나스와 니체, 데리다는 언어화의 한계 너머에 있는 타자의 타자성을 가시화하기 위해 여성 은유를 사용한다. 체험, 인식, 표상, 파악을 불가능하게 하는 '저편'의 존재는 '여성'이다. 여성 은유는 타자의 타자성을 설명하기보다는 보여 주고, 기술하기보다는 묘사해 왔다.

타자 철학자들의 여성 은유는 지시적 대상인 현실의 여성을 지칭하지 않는다. 그러나 여성 은유는 일반적으로 통용되는 여성에 대한 일련의 통념을 무반성적으로 차용한다. '비논리, 탈중심, 비일의성, 비동일성, 확정 불가능성'과 같은 추상적 의미에서뿐 아니라, 자연, 육체, 모성(조력자), 비합리성, 환상과 같은 보다 일반적인 속성들까지도 이 은유를 도입하는 개념망에 포함된다. 타자의 철학자들이 동일성 철학의 논리, 일의성, 동일성, 확정성, 이성, 합리성에 반대하기 위해, 그리고 그것의 독단을 거부하기 위해 타자와 여성 은유를 도입하고 있다는 그 적극적 의미를 인정한다 할지라도, 이 개념망이 여성 은유 안에서 반복되고 있다는 사실, 그리고 이 반복이 여성에 대한 통념을 강화한다.

또한 타자의 철학에 있어서조차 여성은 타자이기 때문에, 여성 사색가의 위치는 애매하다. 그녀는 타자의 문제를 제기하는 철학적 사유를 시작함과 동시에, 여성인 자신의 일부가 타자의 결정 불가능성으로 빠져 들어가는 것을 감수해야 한다.

타자를 듣기   타자에 대해 이야기할 때, 무엇보다 피해야 할 오류는 주체와의 관계에서 타자를 일정하게 고정하는 것이다. 특별한 속성을 부여하고, 그 속성을 지닌 존재로 타자를 집단화할 때, 타자와 주체의 관계가 맥락적이고 관계적인 역학이라는 사실을 망각하게 된다. 이 위치의 역학에 대한 망각은 주체뿐 아니라 타자를 동질화하고 정체화하는, 타자의 입장에서 출발하는 철학적 사유가 피해야 할 오류를 되풀이하게 한다.

한 개별자는 여러 정체성들을 중층적으로 지니고 있다. 그 개별자는 특정 맥락과 상황에 따라 중심부에, 또는 주변부에 놓이게 된다. 어느 누구도 절대적인 주체의 위치를 소유할 수 없으며, 타자성으로부터 자유로운 주체는 없다. 그렇다면 그 개별자에게 있는 중층적 정체성들 중에서 하나의 정체성 요소를 강조함으로써, 여타의 요소들을 배제, 억압하는 주체는 허구에 근거한 동일화의 결과물이다.*

주체와 타자는 위치의 역학이며, 궁극적으로 개입된 권력을 말한다. '말하는 주체'라는 모델은 이 권력관계 안에서 타자가 궁극적으로 도달해야 할 주인으로서의 자리라는 전범을 전제한다. 그러나 이미 어떤 말하는 주체가 갈라진 혀를 가지고 있다면? 어떠한 말하는 주체도 스스로 온전히 주체이기만 하지 않다면? 주체가 되고자 했던 여성인 철학자들이 당황스럽게 경험했던 것처럼, 어떤 권력의 가름줄이 한 개인 위에 교차적으로 그어져, 그/그녀를 타자의 자리로 밀어 넣고 있다면? 이제까지 받아들여 온 동일성 철학의 모델을 넘어, 타자의 다성성이 주체/타자 철학의 출발점이 되어야 하는 것은 아닐까? 우리가 더 주목해야 할 것은 말하는 주체의 이야기하는 능력이 온전히 덮을 수 없는, 말할 수 없는 부분, 언어화를 거부하는 영역이 아닐까?

    이 모든 비판적 읽기 이후에, 우리가 도달하게 되는 지점은 어디인가? 타자가 주체가 되어야 하는가? 주체가 타자로 하여금 말할 수 있게 하여야 하는가? 주체가 타자를 이해할 수 있다고, 이해하고자

---

* "소수성과 다수성은 단지 양적인 차원에서 대립되는 것은 아니다. 다수성은 표현이나 내용을 재는 표준적 척도로서 그것들의 상수를 내포한다. 상수 내지 척도가 어떤 표준어를 쓰는-유럽의-이성애적 언어를 말하는-도시에 사는-백인-성인-남성-인간의 그것이라고 가정하자(조이스나 에즈라 파운드의 율리시즈에서처럼). '남자'는, 그가 모기나 어린이나 여성이나 흑인이나 농민이나 동성애자 등등보다 수가 적을 때조차도 다수자임이 분명하다. 이는 그가 두 번 나타나기 때문인데, 한번은 항상적인 것 속에서, 그리고 항상적인 것이 도출되어 나오는 가변적인 것 속에서 다시 한 번 나타난다. ……다수자는, 그것이 추상적 척도 안에서 분석적으로 포착되는 한에서, 결코 어떤 누구도 아니며, 언제나 아무도 아니다. 반면에 소수자는 만인이 되는 것이며, 사람이 모델로부터 벗어나는 한에서 잠재적으로 만인이 되는 것이다. 다수적 '사실'이 존재하지만, 해당자가 아무도 없는 분석적 사실이며, 이는 모든 사람의 소수화되기에 대립된다"(들뢰즈·가타리, 『천 개의 고원』, 203~204쪽. 번역은 수유+너머에서 번역한 『천의 고원 1』, 111~112쪽을 따름).

한다고, 그런 의미에서 타자의 자리에 들어설 수 있다고 믿을 수 있어야 하는가? 주체 안의 타자들, 확실성과 동일성으로 말끔히 포착되지 않는 이질성의 요소들, 그것이 더 근원적이고 본질적인 것이 아닐까? 그렇다면 결국 우리는 타자의 분절화되지 않은 소리, 구조화를 거부하는 이야기, '비결정적인 것'the undecidable, 침묵으로 가라앉지도 언어로 떠오르지도 못하는 흔적을 들을 수 있어야 하는 것이 아니겠는가?

    사람들 사이, 주체와 타자 사이, 그 사이에 무엇이 있는가? "사람들 사이에 섬이 있다." 아니다. 사이에 섬은 없다. 오직 경계 지워지지 않는 이질성과 혼동이 있을 뿐이다. 그 사이를 들어야 한다. "우리가 원할 수밖에 없는 것이 정의로운 사회라면……."

참고문헌

강영안, 『타인의 얼굴: 레비나스의 철학』, 문학과지성사, 2007.
고병권, 『니체의 위험한 책, 차라투스트라는 이렇게 말했다』, 그린비, 2003.
김미기, 「니체의 진리개념비판에서 본 예술과 여성의 본질」, 『니체연구』 제3집, 1997.
김상봉, 『서로 주체성의 이념: 철학의 혁신을 위한 서론』, 길, 2007.
김애령, 「니체의 은유이론과 문체의 문제」, 『철학연구』 제65집, 2004.
_____, 「이방인의 언어와 환대의 윤리」, 이화인문과학원 엮음, 『젠더와 탈/경계의 지형』, 이화여자대학교 출판부, 2009.
김정현, 「니체와 페미니즘: 데리다와 코프만의 진리 담론을 중심으로」, 『철학』 제67집, 2001.
니체, 프리드리히, 『권력에의 의지』, 강수남 옮김, 청하, 1988.
_____, 『바그너의 경우·우상의 황혼·안티크리스트·이 사람을 보라·디오니소스 송가·니체 대 바그너』, 백승영 옮김, 책세상, 2005.
_____, 『비극적 사유의 탄생』, 이진우 옮김, 문예출판사, 1997.
_____, 『선악의 저편·도덕의 계보』, 김정현 옮김, 책세상, 2009.
_____, 『즐거운 학문·메시나에서의 전원시·유고(1881년 봄~1882년 여름)』, 안성찬·홍사현 옮김, 책세상, 2005.
_____, 『차라투스트라는 이렇게 말했다』 개정판, 정동호 옮김, 책세상, 2000.
데리다, 자크, 『목소리와 현상: 후설 현상학에서 기호 문제에 대한 입문』, 김상록 옮김, 인간사랑, 2006.
_____, 『에쁘롱: 니체의 문체들』, 김다은·황순희 옮김, 동문선, 1998.
_____, 「폭력과 형이상학: 엠마뉴엘 레비나스의 사유에 관한 에세이」, 『글쓰기와 차이』, 남수인 옮김, 동문선, 2001.
_____, 『환대에 대하여』, 남수인 옮김, 동문선, 2004.
데이비스, 콜린, 『엠마누엘 레비나스: 타자를 향한 욕망』, 김성호 옮김, 다산글방, 2001.
들뢰즈, 질·펠릭스 가타리, 『천 개의 고원』, 김재인 옮김, 새물결, 2001.

레비나스, 에마뉘엘, 『시간과 타자』, 강영안 옮김, 문예출판사, 1996.
_____, 『존재에서 존재자로』, 서동욱 옮김, 민음사, 2001.
리쾨르, 폴, 『타자로서 자기 자신』, 김웅권 옮김, 동문선, 2006.
벤베니스트, 에밀, 『일반언어학의 제문제 1』, 황경자 옮김, 민음사, 1992.
벨러, 에른스트, 『데리다-니체, 니체-데리다』, 박민수 옮김, 책세상, 2003.
보르헤스, 호르헤 루이스, 「시학」, 『현대시사상』 제7권 2호, 1995.
_____, 「틀뢴, 우크바르, 오르비스 떼르띠우스」, 『픽션들』, 황병하 옮김, 민음사, 2002.
보부아르, 시몬 드, 『제2의 성』, 조홍식 옮김, 을유문화사, 1994.
사르트르, 장 폴, 『존재와 무』, 정소성 옮김, 동서문화사, 2009.
서동욱, 『차이와 타자』, 문학과지성사, 2008.
셰익스피어, 윌리엄, 『리어 왕』, 김용태 옮김, 지식을만드는지식, 2008.
슈리프트, 앨런, 『니체와 해석의 문제』, 박규현 옮김, 푸른숲, 1997.
스피박, 가야트리, 『다른 여러 아시아』, 태혜숙 옮김, 울력, 2011.
_____, 「다시 본 페미니즘과 해체론: 협상들」, 『교육기계 안의 바같에서』, 태혜숙 옮김, 갈무리, 2006.
_____, 태혜숙 옮김, 「하위주체가 말할 수 있는가? 다원화주의의 문제들」, 『세계사상』 4호, 1998.
아도르노, Th. W. · M. 호르크하이머, 『계몽의 변증법: 철학적 단상』, 김유동 옮김, 문학과지성사, 2001.
이정우, 『주체란 무엇인가』, 그린비, 2009.
이현재, 『여성주의적 정체성 개념』, 도서출판 여이연, 2008.
짐멜, 게오르그, 「이방인」, 『짐멜의 모더니티 읽기』, 김덕영·윤미애 옮김, 새물결, 2005.
커니, 리처드, 『이방인, 신, 괴물: 타자성 개념에 대한 도전적 고찰』, 이지영 옮김, 개마고원, 2004.
파농, 프란츠, 『검은 피부, 하얀 가면』, 이석호 옮김, 인간사랑, 1998.
호메로스, 『오뒷세이아』, 천병희 옮김, 숲, 2007.

Ansell-Pearson, Keith, *An Introduction to Nietzsche as Political Thinker: The Perfect Nihilist*, Cambridge: Cambridge University Press, 1994.
Braidotti, Rosi, *Patterns of Dissonance: A Study of Women in Contemporary*

Philosophy, Cambridge: Polity Press, 1991.

Brody, Donna, "Levinas's Maternal Method from "Time and the Other" through *Otherwise than Being*: No Woman's Land?", ed. Tina Chanter, *Feminist Interpretations of Emmanuel Levinas*, Pennsylvania: The Pennsylvania State University Press, 2001.

de Man, Paul, "Die Rhetorik der Blindheit: Jacques Derridas Rousseauinterpretation", ed. Christoph Menke, *Die Ideologie des Ästhetischen*, Frankfurt am Main: Suhrkamp, 1993.

Derrida, Jacques, "Choreographies: Interview", ed. Nancy J. Holland, *Feminist Interpretations of Jacques Derrida*, Pennsylvania: The Pennsylvania State University Press, 1997.

_____, *Positionen*, Wien: Passagen Verlag, 1986. [*Positions*, Paris: Éditions de Minuit, 1972.] [『입장들』, 박성창 옮김, 솔, 1992.]

_____, *Randgänge der Philosophie*, Wien: Passagen Verlag, 1988. [*Marges de la philosophie*, Paris: Éditions de Minuit, 1972.]

Donne, John, *Meditation XVII*, http://www.online-literature.com/donne/409.

Gallop, Jane, ""Women" in Spurs and Nineties Feminism", ed. Ellen K. Feder, Mary C. Rawlinson, and Emily Zakin, *Derrida and Feminism: Recasting the Question of Woman*, New York: Routledge, 1997.

Grosz, Elizabeth, "Ontology and Equivocaton: Derrida's Politics of Sexual Difference", ed. Nancy J. Holland, *Feminist Interpretations of Jacques Derrida*, Pennsylvania: The Pennsylvania State University Press, 1997.

Irigaray, Luce, "Questions to Emmanuel Levinas: On the Divinity of Love", eds. Robert Bernasconi and Simon Critchely, *Re-Reading Levinas*, Indianapolis: Indiana University Press, 1991.

Kofman, Sarah, *Nietzsche and Metaphor*, California: Stanford University Press, 1993. [*Nietzsche et la métaphore*, Paris: Payot, 1971.]

Levinas, Emmanuel, *Die Spur des Anderen: Untersuchungen zur Phänomenologie und Sozialphilosophie*, Freiburg/München: Wilhelm Fink Verlag, 1999.

_____, *Totality and Infinity: An Essay on Exteriority*, Pittsburgh: Duquesne University Press, 1969. [*Totalité et infini: Essai sur l'extériorité*, La Haye:

Martinus Nijhoff, 1961.]

Nietzsche, Friedrich, *Gesammelte Werke, Musarion Ausgabe (MuSA)*, München: Musarion Verlag, 1920~1929.

_____, *Sämtliche Werke. Kritische Studienausgabe (KSA)*, Berlin: Deutscher Taschenbuch Verlag, 1980.

Oliver, Kelly, *Womanizing Nietzsche: Philosophy's Relation to the "Feminine"*, New York and London: Routledge, 1995.

Oliver, Kelly and Marilyn Pearsall, "Introduction: Why Feminists Read Nietzsche", eds. Kelly Oliver and Marilyn Pearsall, *Feminist Interpretations of Friedrich Nietzsche*, Pennsylvania: The Pennsylvania State University Press, 1998.

Perpich, Diane, "From the Caress to the Word: Transcendence and the Feminine in the Philosophy of Emmanuel Levinas", ed. Tina Chanter, *Feminist Interpretations of Emmanuel Levinas*, Pennsylvania: The Pennsylvania State University Press, 2001.

Schütz, Alfred, "Der Fremde", *Gesammelte Aufsätze*, Bd. I, Den Haag: Martinus Nijhoff, 1972.

Singer, Linda, "Nietzschean Mythologies: The Inversion of Value and the War against Women", eds. Kelly Oliver and Marilyn Pearsall, *Feminist Interpretations of Friedrich Nietzsche*, Pennsylvania: The Pennsylvania State University Press, 1998.

Smitmans-Vajda, Barbara, *Melancholie, Eros, Musse: Das Frauenbild in Nietzsches Philosophie*, Würzburg: Königshausen & Neumann, 1999.

Spivak, Gayatri Chakravorty, "Displacement and the Discourse of Woman", ed. Nancy J. Holland, *Feminist Interpretations of Jacques Derrida*, Pennsylvania: The Pennsylvania State University Press, 1997.

Sundermeier, Theo, *Den Fremden verstehen: Eine praktische Hermeneutik*, Göttingen: Vandenhoeck & Ruprecht, 1996.

Waldenfels, Bernhard, *Grundmotive einer Phänomenologie des Fremden*, Frankfurt am Main: Suhrkamp, 2006.

Weigel, Sigrid, *Die Stimme der Medusa: Schreibweisen in der Gegenwartsliteratur von Frauen*, Dülme-Hiddingsel: Rowolt Verlag, 1995.

더 읽을 책

리처드 커니, 『이방인, 신, 괴물: 타자성 개념에 대한 도전적 고찰』, 이지영 옮김, 개마고원, 2004

우리는 타자를 어떻게 표상하는가? 커니는 서구 사유의 전통 안에서 타자가 이방인, 신, 괴물의 모습으로 그려져 온 사실이 의미하는 바를 되짚는다. 그는 예술작품을 예로 들고, 영화들을 분석하고, 이야기를 재구성하면서 타자의 타자성에 대한 서구의 시선과 관점을 해석한다. 커니는 타자의 타자성을 손상하지 않으면서도 소위 포스트모던 사상가들이 주장하는 타자의 신성화·숭고화를 피할 수 있는 방편으로, 비판적 해석학의 가능성을 점검한다. 커니의 주장보다는, 그의 출발점이 되는 타자의 타자성에 대한 서구적 재현물들의 함의에 대한 분석이 더 흥미롭다.

엠마누엘 레비나스, 『시간과 타자』, 강영안 옮김, 문예출판사, 1996

이 책은 레비나스의 철학에 접근하는 가장 좋은 길을 제공한다. 레비나스 철학의 섬세하고 복잡한 논의들이 그 자신의 육성으로 친절하게 전개된, 강의에 기초한 책이기 때문이다. 주체와 타자의 관계, 말할 수 없는 절대적 타자를 언어화하기 위한 은유들, 그것으로 형상화하는 타자 중심의 윤리, 이 모든 주제들이 이 작은 책에 펼쳐져 있다.

프리드리히 니체, 『차라투스트라는 이렇게 말했다』, 정동호 옮김, 책세상, 2000

니체의 이 놀라운 책에 대해서 더 말해야 할까? 흥미롭고 풍부하며 쉽게 다 길어지지 않아서 두고두고 읽어야 할 이 책은, 니체 철학의 주제들을 모두 보여 주는 만화경이다. 니체에게 있어서의 주체의 문제, 타자의 문제, 그리고 영원회귀, 넘어서는 자(위버멘쉬Übermensch: 초인)와 같은 철학적 주제들, 그리고 니체의 여성들, 니체의 문체들, 수사학적 전략들에 접근하고자 할 때, 이 책은 그 입구를 만들어 준다. 그 입구를 통해 안에 들어가면 미로가 기다리고 있다.

자크 데리다, 『에쁘롱』, 김다은·황순희 옮김, 동문선, 1998

니체의 '여성들'을 해석하는 다양한 가능성 중에서, 가장 설득력 있고 독창적인 읽기는 데리다의 것이다. 또한 니체의 수사 전략과 문체의 문제들이 니체 철학의 전반적인 장에서 어떤 의미를 지니는지 읽어 낼 수 있도록 도와준다. 그러나 데리다의 이 책은 니체의 '여성들'을 해석하는 작업을 넘어서, 데리다 자신의 '여성들'을 보여 준다. 데리다가 "나는 여성같이 쓰고 싶다"라고 이야기할 때, 여성으로서 철학하기로 그가 의미하는 바가 무엇인지를 이 글은 보여 준다. 이 주제는 여성(주의) 철학자들에게 그 자체로 하나의 큰 물음이자 도전이다.

가야트리 스피박, 「하위주체는 말할 수 있는가?」(Can the Subaltern Speak?, 1988)

스피박의 이 글은 인도의 하위주체 역사 연구(Subaltern studies) 그룹의 작업에 대한 그녀의 질문이자 문제 제기로 제출되었다. 하위주체의 역사를 재구성하고, 하위주체를 역사의 행위자로 재정립하고자 하는 하위주체 역사 연구 집단의 시도들에서, 스피박은 다시금 하위주체가 자신의 말, 자신의 목소리를 박탈당하고 있는 것은 아닌지 묻는다. "하위주체는 말할 수 없다"라는 도발적인 명제로 잘 알려진 이 짧은 글에서, 스피박이 진정 말하고자 했던 바가 이제까지 그 본의대로 잘 읽혔는지는 여전히 의문이다. 많이 알려진 데 반해서, 엄밀히 읽히지는 않은 이 글은, 주체와 타자 사이의 관계에 대한 가장 섬세한 물음을 전개하고 있다.

이 글은 참고문헌에 기록된 것처럼 「하위주체가 말할 수 있는가」라는 제목으로 처음 번역·소개되었다. 이후 스피박 스스로 고쳐 쓴 새로운 버전이 *A Critique of Postcolonial Reason: Toward a History of the Vanishing Present* (Harvard University Press, 1999)의 3장에 삽입되었는데, 이 책은 『포스트식민 이성 비판』(태혜숙·박미선 옮김, 갈무리, 2005)이라는 제목으로 번역되어 있다. 한편 이 글과 후속 논의들을 묶어 로잘린드 모리스(Rosaind Morris)가 펴낸 *Can the Subaltern Speak?: Reflections on the History of an Idea* (Columbia University Press, 2010)가 그린비출판사에서 2012년 출간될 예정이다.

찾아보기

갤럽, 제인(Jane Gallop) 146~147
거세 138~139
　~의 구문론 140~141, 148
　자기~ 150
그로스, 엘리자베스(Elizabeth Grosz)
150~151
남근이성중심주의(phallogocentrism)
131, 148~149
내재성 80~81, 87
　~과 경제 89, 92
노동 85~86
니체, 프리드리히(Friedrich Nietzsche)
　~에게 있어 삶의 여성성 120~122
　~와 (반)여성주의 111~117
　~의 문체 59
　~의 여성 110~111
　~의 여성 은유가 갖는 한계 128
　~의 진리 비판 63~65
데리다, 자크(Jacques Derrida)
　~와 경계 129~130
　~와 여성주의 146~147
　~의 은유론 152
　~의 해체 65~66, 130
　~의 해체 전략의 맹점 159
동일성 철학 50~51, 80
　~에 대한 비판 52~54
드 만, 폴(Paul de Man) 152~153

레비나스, 에마뉘엘(Emmanuel Levinas)
　~ 윤리학과 여성 은유 108~109
　~의 동일성 철학 비판 54~55
　~의 하이데거 비판 82~83
　타자의 윤리 57~58
리쾨르, 폴(Paul Ricœur) 5, 23
맹목성(blindness) 152~153, 158
무한성 86, 88
보르헤스, 호르헤 루이스(Jorge Luis Borges) 21~22, 75
보부아르, 시몬 드(Simone de Beauvoir)
78~79
브라이도티, 로시(Rosi Braidotti)
147~148, 153
사르트르, 장 폴(Jean Paul Sartre)
25~26
살로메, 루 안드레아스(Lou Andreas-Salomé) 111
성차 142~144
스피박, 가야트리(Gayatri Spivak)
149~151
아도르노, 테오도어(Theodor Adorno)
27
아리스토텔레스(Aristotle) 74
애무 95~96
언어(의 한계) 60~62

에로스 95~96
에쁘롱(Eperon) 130~134
여성
　~과 진리 117~118, 123, 135~138, 141~142
　~ 은유의 역설 103~104
　~의 가장(假裝) 136~137, 157
　~의 거리 두기 135~136
　~의 은유화 76~77
　~의 지위 박탈(displacement) 149
　거주 공간(가정)에서의 ~ 86, 90~92
여성적인 것(le féminin) 76~79, 89, 93~94, 100, 102
오뒷세우스 27~29, 47~48, 87
올리버, 켈리(Kelly Oliver) 147~148, 150
유아론 55, 87~88, 108
윤리학 55~56, 88
은유 74~75
의미 지시 이론 59
이리가레, 뤼스(Luce Irigaray) 96~97, 105
이중 박탈(double displacement) 149
자기 정립(hypostase) 81, 84
자기 정체성 23~25
자체 동일성 19~22
전체성(totality) 86
존재론 54, 80
주체
　~와 몸의 관계 19
　~와 언어 29~30
　~와 지시대명사 15~16

~와 타자의 권력관계 46~47
서구 근대철학의 ~ 중심성 51~52
즉자(卽自) 24~25
진리
　여성과 ~ 117~118, 123, 135~138, 141~142
　~와 해석 63~35
　~의 환상성 62~63, 119
진리 대응 이론 59
차연(différance) 67~69
차이의 철학 53
초월 56, 80
타자 30~31
　~로서의 시간 100
　~로서의 죽음 31, 99
　~로서의 질병 19
　~와 유아론 33~34
　~의 무한성 55~56
　~의 언어화 103~104
　~의 위협 32~33
　~의 윤리 57~58
　~의 (여성으로서의) 은유화 73
　괴물로서의 ~ 40~41
　서구 근대의 타자관 43~45
　신비로서의 ~ 41~42
　이방인으로서의 ~ 39~40, 47
　주체와 ~의 권력관계 46~47
타자성(alterity) 101
　~과 낯섦 37~38
　~의 규정 불가능성 101
파농, 프란츠(Frantz Fanon) 7, 47
괌므 파탈(femme fatale) 48
퍼피시, 다이앤(Diane Perpich)

101~102
폭리(usure)　153~158
표상(vorstellen)　42~43
프랑스, 아나톨(Anatole France)　155~156
하위주체(subaltern)　37, 162
하이데거, 마르틴(Martin Heiddeger)　82, 132~133

해체(deconstruction)　65~66, 130
향유(jouissance)　84~85
형이상학　56, 80
호르크하이머, 막스(Max Horkheimer)　27
환대(hospitalité)　105~107
흔적(trace)　70~71
힘에의 의지(Wille zur Macht)　127

사이 시리즈 발간에 부쳐

이화인문과학원 탈경계인문학연구단은 2007년 한국연구재단의 인문한국(HK) 지원사업에 선정되어 '탈경계인문학'을 구축하고 이를 사회적으로 확산함으로써 한국 인문학의 새로운 지평을 창출하고자 하는 프로젝트를 수행하고 있다. '탈경계인문학'이란 기존 분과학문 간의 경계를 가로지르고 넘나들며 학문 간의 유기성과 상호 소통을 강조하는 인문학이며, 탈경계 문화 현상 속의 인간과 인간 경험을 체계적으로 성찰함으로써 경계 짓기로 대립하고 갈등하는 인간과 사회를 치유하고자 하는 인문학이다.

이에 연구단은 우리의 연구 성과를 학계와 사회와 공유하고자 '사이 시리즈'를 기획하였다. 탈경계인문학의 주요 주제에 대한 전문 학술서를 발간함과 동시에 전문 지식의 사회적 확산과 대중화를 위하여 교양서를 발간하게 된 것이다. 이 시리즈는 인문학에 관심을 가진 대학생들이나 일반인들이 새로이 등장하는 인문학적 사유와 다양한 이슈들에 쉽게 다가갈 수 있도록 쓰여졌다.

오늘날 우리는 문화적 경계들이 빠르게 해체되고 재편되는 변화의 시기를 살고 있다. '사이 시리즈'는 '경계' 혹은 '사이'에서 생성되고 있는 새로운 존재와 사유를 발굴하고 탐사한 결과물이다. 우리 연구단은 독자들에게 그 결과물을 제시하고 이를 토대로 상호 소통하는 계기를 마련하고자 한다. 인문학과 타 학문, 학문과 일상, 중심부와 주변부 사이의 경계를 넘어 공존과 융합을 추구하는 사이 시리즈의 작업이 탈경계 문화 현상을 새로이 성찰하고 이분법적인 사유를 극복하여, 경계를 넘나들며 다원적이고 통합적인 시각을 만들어 나가는 출발점이 되기를 기대한다.

2012년 3월
이화여자대학교 이화인문과학원 인문한국사업단